Karate für alle

Albrecht Pflüger

Karate für alle

Selbstverteidigung in Bildern

Überarbeitete und neugestaltete Auflage

Von Albrecht Pflüger sind im FALKEN Verlag noch erschienen:
„Karate 1. Grundtechniken" (Nr. 227)
„Karate 2. Kombinationstechniken. Katas" (Nr. 239)
„Karate für Frauen und Mädchen" (Nr. 425)
„Kontakt-Karate" (Nr. 396)
„Karate-Do. Das Handbuch des modernen Karate" (Nr. 4028)

Der FALKEN Videofilm „Karate" (Nr. 6037) garantiert nicht nur den direkten Nachvollzug der Techniken und eine stetige Kontrolle des Lernerfolgs, sondern er vermittelt auch plastisch die Faszination dieser Kampfsportart.

ISBN 3 8068 0314 5

© 1991 by Falken-Verlag GmbH, 6272 Niedernhausen/Ts.
Die Verwertung der Texte und Bilder, auch auszugsweise, ist ohne Zustimmung des Verlags urheberrechtswidrig und strafbar. Dies gilt auch für Vervielfältigungen, Übersetzungen, Mikroverfilmung und für die Verarbeitung mit elektronischen Systemen.
Titelbild und Fotos: Foto Studio G + M Köhler, Leonberg-Ramtel
Zeichnungen: Albrecht Pflüger, Leonberg
Reihengestaltung: Zembsch' Werkstatt, München
Die Ratschläge in diesem Buch sind vom Autor und vom Verlag sorgfältig erwogen und geprüft, dennoch kann eine Garantie nicht übernommen werden. Eine Haftung des Autors bzw. des Verlags und seiner Beauftragten für Personen-, Sach- und Vermögensschäden ist ausgeschlossen.
Satz mit elektronischer Bildintegration: Grunewald Satz & Repro GmbH, Kassel
Druck: Dresdner Druck- und Verlagshaus GmbH

Inhalt

Was ist Karate? ———————— 6
Über Selbstverteidigung allgemein — 6
Mögliche Ernstfallsituationen ———— 7
Karate-Technik ———————— 7

Die Grundtechniken ———————— 8
Die Stellungen und Bewegungen —— 8
Gegenangriffstechniken ———————— 13
Abwehrtechniken ———————— 29

Ernstfallsituationen ———————— 37
Die rechtliche Seite
der Selbstverteidigung ———————— 37
Die psychologische Seite
der Selbstverteidigung ———————— 38
Die technische Seite
der Selbstverteidigung ———————— 38

Was kann dieses Lehrbuch
versprechen? ———————— 39
Grundregeln der Selbstverteidigung 40
Der Gegner greift zu ———————— 42
Körperumklammerungen ———— 54
Würgeangriffe ———————— 60
Angriffe aus der Distanz ———— 71
Messerangriffe ———————— 80
Angriffe mit dem Fuß (Fußtritte) — 90
Pistolenangriffe ———————— 92
Abwehr mehrerer Angreifer ———— 95
Verteidigung in der Bodenlage —— 101
Vergleichende Übersicht ———— 102

Schlußwort ———————— 104

Was ist Karate?

Karate ist eine hochpräzise Schlag- und Stoßkunst mit Armen und Beinen. Gleichzeitig lehrt es auch Abwehrtechniken (Blocks) gegen alle Arten von Angriffen. Karate entwickelte sich unter chinesischem Einfluß auf Okinawa und wurde in den letzten 60 Jahren in Japan zu seiner heutigen Höchstform entwickelt. Das Hauptverdienst daran kommt Gichin Funakoshi, einem Einwohner Okinawas, zu, der Karate nach Japan brachte und als Vater des modernen Karate gilt.

Karate ist ein japanischer Name und bedeutet „leere (= unbewaffnete) Hand", d. h., daß man in Karate lernt, sich ohne Waffen zu verteidigen.

In Karate Band 1 – Grundlagen – (Falken Bücherei Band 227) und Karate Band 2 – Grundtechniken, Kampf, Katas – (Falken Bücherei Band 239) wird Karate als Wettkampfsport, als Mittel zur Körper- und Charakterbildung ausführlich behandelt. In diesem, nur der Selbstverteidigung gewidmeten Band, verzichte ich aber bewußt auf ausführliche ethische und technische Erläuterungen und verweise den Interessierten auf die zwei vorangegangenen Bände, da bei der Selbstverteidigung nur der reale Zweck, die Wirksamkeit, von Bedeutung ist.

Als Verteidigungstechniken werden in diesem Buch Karatetechniken so gezeigt, wie sie jeder durchschnittlich Begabte erlernen kann. Also keine artistischen Sprünge und hohen Fußstöße, die große Gelenkigkeit voraussetzen. Für die Wirksamkeit im Ernstfall ist das auch überhaupt nicht nötig.

Über Selbstverteidigung allgemein

Eine wirksame Selbstverteidigung ist auf drei Arten möglich:
1. Durch unsere Maßnahmen bekommen wir den Angreifer unter Kontrolle (Abwehrgriffe, Hebel, Festhaltetechniken)
2. Aufgrund unserer Verteidigungstechniken sieht der Angreifer von weiteren Tätlichkeiten ab
3. Der Angreifer ist durch unsere Maßnahmen kampfunfähig.

Die dienstliche Selbstverteidigung bei Justiz und Polizei muß nach der bei 1. angesprochenen Art orientiert sein, da es nicht sein darf, daß die festzusetzende Person wegläuft (2.) oder kampfunfähig geschlagen wird (3.).

Für den durchschnittlichen Bürger aber, der für Notwehrsituationen eine hochwirksame Selbstverteidigung sucht, die ihn bei tätlichen Angriffen schützen soll, genügen Maßnahmen, die die unter 2. und 3. angesprochenen Folgen zeitigen. Er muß wohl kaum nach der Abwehr den Angreifer fassen und abführen; ihm genügt die wirksame Abwehr des gegenwärtigen (rechtswidrigen!) Angriffs.

Hier ist nun KARATE ausgezeichnet geeignet, auch dem Durchschnittsbürger, der nicht allzuviel Zeit zum Üben hat, wirksame Maßnahmen zu vermitteln, die ihm im Ernstfall weit bessere Chancen für die Wahrung von Gesundheit und Leben bieten als dem Laien, der sich nie mit Verteidigungstechniken befaßt hat.

Karate-Technik

Mögliche Ernstfallsituationen

Um einen aus der Praxis geborenen Aufbau in der Methodik der Karate-Selbstverteidigung zu gewinnen, wollen wir die Ernstfallsituationen ordnen und den Aufbau der Techniken, fortschreitend vom Leichten zum Schweren, danach richten.
1. Ein Angreifer will greifen, fassen, umklammern, würgen o. ä.
2. Ein Angreifer hat zugefaßt (gewürgt, umklammert etc.)
3. Angriffe aus der Distanz (Hiebe, Stöße und Tritte, Angriffe mit Waffen)

Daneben gibt es noch besondere Situationen:
4. Verteidigung aus der eigenen Bodenlage
5. Verteidigung gegen mehrere Angreifer
In allen diesen Situationen können uns gut geübte Karatetechniken helfen, die Lage zu meistern. Ich beschreibe anschließend die Karatetechniken, die in diesem Buch angewendet werden. Dabei halte ich mich im Text sehr knapp und verwende auch keine japanischen Fachausdrücke, da es hier nicht um Karate als Sport geht, sondern um den „unsportlichen" Ernstfall auf der Straße.

Karate-Technik

Die Wirksamkeit der Karatetechniken wird von verschiedenen Faktoren bestimmt.

Geschwindigkeit

Je schneller ein Abwehrschlag oder im Gegenangriff ein Stoß oder Tritt ausgeführt wird, um so größer ist auch seine Wirkung.

Konzentration der Kraft

Die Karatetechniken werden schockartig durchgeführt, d. h., daß im Moment des Auftreffens die Muskeln kurz gespannt werden, um einen genau abgezirkelten, federnden Schlag oder Stoß zu erreichen. Zu diesem Zweck spannen wir im Moment des Blockierens oder beim eigenen Gegenangriff stark vor allem die Bauchmuskeln durch kurzes stoßartiges Ausatmen. Aber auch wenn diese beiden Voraussetzungen erfüllt sind, wird unsere Technik geschwächt, wenn wir im Moment des Auftreffens nicht sicher stehen.

Das Gleichgewicht

Ein Abwehrschlag oder ein Angriff kann nur dann stark sein, wenn unser Körper dabei sicher steht. Größere Standsicherheit ist gegeben, wenn wir den Schwerpunkt (Hüften) senken und die Standfläche vergrößern. Diesem Zweck dienen die

Karatestellungen

Diese richten sich nach dem jeweiligen Zweck (ob Abwehr oder Gegenangriff). Erst ein Zusammenwirken all dieser Punkte macht unsere Techniken wirksam.

Die Grundtechniken

Die Stellungen und Bewegungen

Bewege den Körper immer als Ganzes mit der Hüfte als Ausgangspunkt. Halte den Oberkörper immer aufrecht, nur so bist du im Gleichgewicht und verlierst auch nie den Überblick.

Übe die Stellungen und Bewegungen der folgenden Seiten nach rechts und links so oft, daß du sie ohne zu überlegen in jeder Situation rasch und locker einnehmen kannst.

Die Stellungen und Bewegungen

Vorwärtsstellung

Diese Stellung ist stark nach vorne. Man kann aus ihr Angriffe von vorn abwehren und starke Gegenangriffe mit Hand und Fuß ausführen. Das Körpergewicht ruht zu etwa 60 % auf dem vorderen Bein. Das hintere Bein steht gestreckt mit der ganzen Fußsohle fest auf dem Boden; die Zehen zeigen so weit wie möglich nach vorne. Die Schrittlänge beträgt 80–100 cm und ist von vorne etwa eine Schulterbreite auseinander:

Abb. 6   rechts rückwärts

Abb. 7   links rückwärts

Abb. 4   rechts zur Seite

Abb. 1   Ausgangsstellung

Abb. 5   links zur Seite

Abb. 2   rechts vorwärts

Abb. 3   links vorwärts

Die Grundtechniken

Rückwärtsstellung
(Verteidigungsstellung)

Das Gewicht ruht zu etwa 70% auf dem hinteren, stark gebeugten Bein. Der hintere Fuß steht auf einer Linie senkrecht zum vorderen Fuß. Das vordere Bein ist leicht gebeugt und weitgehend entlastet.

Abb. 6   rechts rückwärts

Abb. 7   links rückwärts

Abb. 4   rechts zur Seite

Abb. 1   Ausgangsstellung

Abb. 5   links zur Seite

Abb. 2   rechts vorwärts

Abb. 3   links vorwärts

Die Stellungen und Bewegungen

Seitwärtsstellung

Diese Stellung ist extrem stark zur Seite. Das Gewicht ist gleichmäßig auf beide (parallel gestellte) Füße verteilt, die Hüfte wird auch hier bei aufrechtem Oberkörper gesenkt (Schwerpunkt tief). Die Knie werden stark nach außen gedrückt. So ergibt sich eine Spannung, die die Stellung fest macht. Übe auch hier wieder, diese Stellung blitzschnell nach allen Richtungen hin einzunehmen.

Abb. 6   rechts rückwärts

Abb. 7   links rückwärts

Abb. 4   rechts zur Seite

Abb. 1   Ausgangsstellung

Abb. 5   links zur Seite

Abb. 2   rechts vorwärts

Abb. 3   links vorwärts

Die Grundtechniken

Freie Kampfstellung

Bei dieser Stellung werden beide Beine gleichmäßig gebeugt. Das Körpergewicht ist genau in der Mitte zwischen den Beinen. Aus dieser Stellung kann man schnell und direkt in eine der zuvor beschriebenen Grundstellungen übergehen. Hat man Zeit, wird diese Stellung eingenommen, bevor der Gegner angreift.

Zusammenfassung

Bei allen Stellungen Schwerpunkt tief, Oberkörper aufrecht, Blick geradeaus. Einnehmen der Stellungen blitzschnell, ausgehend von der Hüfte, die sofort gesenkt wird.

Abb. 6   rechts rückwärts

Abb. 7   links rückwärts

Abb. 4   rechts zur Seite

Abb. 1   Ausgangsstellung

Abb. 5   links zur Seite

Abb. 2   rechts vorwärts

Abb. 3   links vorwärts

Gegenangriffstechniken

Armtechniken

Vorbetrachtungen: Übe alle Techniken zuerst entspannt und langsam. Kontrolliere die richtige Ausführung in einem Spiegel. Erst dann schnell und kraftvoll üben, d. h., im Moment des Auftreffens alle Muskeln kurz anspannen, stoßartig ausatmen dabei (die Bauchmuskeln spannen). Nur so erzielst du bei deinen Techniken (Angriffs- und Abwehrtechniken) den nötigen Aufprallschock. Bei allen Armtechniken bemerkst du eine schnappende Drehbewegung des Unterarmes beim Auftreffen. Achte darauf beim Üben. Durch dieses „Einrasten" wird die Technik schockartig.

Die Grundtechniken

Fauststoß

Die Faust muß gerade im Handgelenk stehen. Es treffen nur die Knöchel von Zeige- und Mittelfinger auf. (Siehe Zeichnung und die Abb. 1–6)
Achte darauf, daß sich beide Fäuste gleichmäßig bewegen, die eine vor zum Ziel, die andere zurück zur Hüfte. Achte auf die charakteristische Drehung der Fäuste in der Endstellung. Diese ruckartig durchgeführte Drehung verstärkt die Muskelspannung beim Auftreffen. Wir werden sie bei allen Handtechniken (Angriffs- und Abwehrtechniken) erkennen.

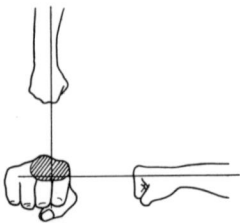

Gegenangriffstechniken

Dieser gerade Fauststoß wird meist in folgender Form im Gegenangriff angewandt: Aus der in Abb. 1 gezeigten Stellung wird die Hüfte scharf eingedreht und zuletzt wie von einem Katapult in die Faust nach vorne geschossen. Es wird also praktisch der ganze Körper hineingeworfen (Abb. 2). Das wichtigste dabei ist die scharfe Hüftdrehung nach vorne. Anwendung aus der Vorwärtsstellung.

Die Grundtechniken

Handkantenschlag

Eine äußerst wirkungsvolle Karatetechnik mit der Kleinfingerseite der Hand. Die Finger werden dabei gespannt und eng aneinandergepreßt. Die Spannung in der Hand selbst verdeutlicht die Zeichnung. Der Daumen wird zum Schutz vor Verstauchungen angewinkelt. Der Schlag selbst erfolgt schnappend aus dem Ellbogengelenk.

Schlag von außen nach innen

Hole mit der Handfläche nach oben am Ohr aus. Ellbogen zeigt nach hinten. Schlage im Halbkreis nach vorne zum Ziel mit einer Schnappbewegung aus dem Ellbogen. Auch hier wieder am Schluß die einrastende Drehung des Unterarms. (Vgl. die Abb. rechts.) Anwendung aus der Vorwärtsstellung. Die kraftvolle Hüftdrehung verstärkt auch hier die Schlagwirkung enorm. Übe deshalb, aus der Hüfte zuzuschlagen!

Gegenangriffstechniken

Schlag von innen nach außen

Auch hier die drehende Schnappbewegung aus dem Unterarm. Anwendung aus der Vorwärtsstellung, aber auch gut aus der Seitwärtsstellung.

Die Grundtechniken

Rückfaustschlag

Der Faustrücken wird aus dem Ellbogen zur Seite geschnappt. Ähnlich wird auch der Hammerfaustschlag durchgeführt, wo mit der Kleinfingerseite der Faust zugeschlagen wird. Dabei kann auch auf die gleiche Weise wie beim Handkantenschlag zugeschlagen werden.
Übe nun die beiden Handkantenschläge der vorangegangenen Seiten mit der zur Faust geballten Schlaghand.

Gegenangriffstechniken

Ellbogentechniken

In der Nahdistanz ist der Ellbogen eine äußerst wirksame Waffe, wie auf den folgenden Seiten gezeigt wird.

Ellbogenschlag nach oben

Ausführung aus der Vorwärtsstellung mit starker Hüftdrehung nach vorne. Auch hier wird wieder der schlagende Unterarm gedreht.

Die Grundtechniken

Ellbogenstoß zur Seite

Anwendung aus der Seitwärtsstellung. Die Ellbogenspitze wird mit Körpereinsatz zur Seite gestoßen.

Gegenangriffstechniken

Ellbogenschlag nach hinten

Der Ellbogen wird nach hinten gerissen, dicht am Körper entlang. Diese Bewegung entspricht der Bewegung des zurückgehenden Armes beim Fauststoß (siehe dort den linken Arm).

Ellbogenschlag nach vorne

Der Ellbogen wird mit kraftvoller Hüftdrehung zum Ziel geschlagen. Anwendung aus der Vorwärtsstellung.

Die Grundtechniken

Ellbogenstoß nach unten

Gegen einen zu Boden gegangenen (Abb. 1) oder aus dem Gleichgewicht gebrachten (Abb. 2) Gegner. Senke beim Stoß die Hüften (beuge die Knie)!

Handballenstoß unters Kinn

Die Hand wird scharf abgewinkelt und der Handballen mit einer Drehung (wie beim Fauststoß) mit starkem Hüfteinsatz zum Ziel gestoßen.

Gegenangriffstechniken

Fingerstöße

Fingerspitzenstoß (senkrecht) zum Solarplexus (Abb. 1), waagerecht zur Kehle (lebensgefährlich! – Abb. 2) und mit zwei Fingern in die Augen (Abb. 3).

Die Grundtechniken

Beintechniken

Bei allen Fußtechniken wird zuerst schnell und kraftvoll das Knie hochgerissen und dann der Fuß ohne Unterbrechung der Bewegung zum Ziel geschnellt. Von dort federt der Fuß sofort wieder zurück (Knie hoch) und wird erst dann wieder abgesetzt. Das Standbein bleibt leicht gebeugt mit der Fußsohle fest am Boden. Spanne beim Auftreffen stoßartig die Bauchmuskeln an!

Gegenangriffstechniken

Vorwärtsfußtritt

Es wird mit dem Fußballen geradeaus nach vorn getreten. Zehen auch im Schuh hochbiegen, Fußgelenk spannen.

Die Grundtechniken

Rückwärtstritt

Blick nach hinten, Hochreißen des Knies, dann ruckartiges Durchstrecken des Beines nach hinten. Die Ferse trifft ins Ziel. Winkle zu diesem Zweck das Fußgelenk scharf an. Zurückschnappen des tretenden Fußes und absetzen mit einer Drehung auf den Gegner zu.

Gegenangriffstechniken

Seitwärtstritt

Hier wird mit der Fußkante des schräg gehaltenen Fußes getreten. Die Zehen werden auch hier hochgebogen. Hochreißen des Knies und dabei Körper seitlich zum Angreifer drehen (Abb. 2). Jetzt die Fußkante ruckartig aus der Hüfte zum Ziel stoßen (Abb. 3). Den stoßenden Fuß zurückziehen (Abb. 4) und wieder absetzen (Abb. 5).

Die Grundtechniken

Halbkreisfußtritt

Hier wird in einem waagerechten Halbkreis mit dem Fußballen von der Seite her zugetreten („Fußtritt um die Ecke") unter Ausnützung der Hüftdrehung.

Abwehrtechniken

Kniestoß

Ähnlich wie der Ellbogen eine kraftvolle Nahkampfwaffe. Gerader Knietritt.

Abwehrtechniken

Noch wichtiger als einen Gegenangriff zu starten ist es zunächst natürlich für uns, selbst nicht getroffen zu werden, also auszuweichen oder abzuwehren. Im Karate lernen wir, Angriffe auf alle Körperstellen abzuwehren. Im einzelnen unterscheidet man dabei:
- Angriffe in den oberen Bereich (Hals und Kopf)
- Angriffe gegen den mittleren Bereich (Brust bis Gürtellinie)
- Angriffe gegen Punkte unterhalb der Gürtellinie.

Abgewehrt wird immer mit dem knochigen äußeren Rand des Unterarmes nahe dem Handgelenk (es kann aber genauso gut bei allen Abwehren die Handkante dazu benützt werden). Auch hier sehen wir wieder die charakteristische Drehung des Unterarms beim Auftreffen.

Die Grundtechniken

Untere Abwehr

Hier erfolgt die Abwehr gegen einen Fußtritt (siehe oben).

Übe wie in den Abb. 1–6.
Diese Abwehr kann natürlich auch aus der Seitwärts- und der Rückwärtsstellung ausgeführt werden.

Abwehrtechniken

Die Grundtechniken

Mittlere Abwehr nach innen

Ausgeführt wird die mittlere Abwehr wie in den Abb. 1–3 auf der nächsten Seite (linke Spalte).

Anwendungen siehe rechte Spalte auf der nächsten Seite: Abwehr von außen (Abb. 1), Abwehr von innen (Abb. 2), schematische Darstellung (Abb. 3).

Abwehrtechniken

Die Grundtechniken

Mittlere Abwehr nach außen

Hier holt der abwehrende Arm an der Gegenhüfte aus. Abgewehrt wird mit dem harten inneren Rand des Unterarms.

Abwehrtechniken

Obere Abwehr

Ausgeführt wird die obere Abwehr wie in den Abb. 1–5 auf der nächsten Seite. Der Angriff wird durch den hochjagenden Unterarm nach oben weggeprellt.

Bei allen Abwehren kann auch mit der Handkante abgewehrt werden. Das werden wir in der Anwendung im zweiten Teil des Buches öfters sehen.

Die Grundtechniken

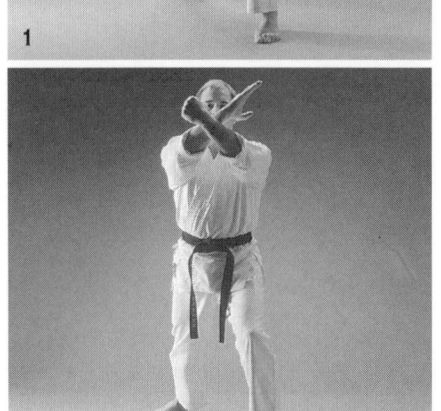

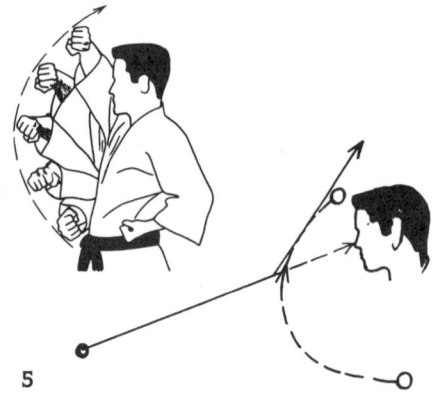

Ernstfallsituationen

Die rechtliche Seite der Selbstverteidigung

Unter Ernstfallsituationen verstehen wir hier nur Fälle, bei denen rechtlich gesehen Notwehr zulässig ist. Es dürfte jedem verantwortungsbewußten Bürger klar sein, daß eine Anwendung von Karatetechniken in anderen als Notwehrsituationen rechtlich nicht zulässig und verantwortungslos ist.

Was ist eine Notwehrsituation?
§ 32 StGB sagt dazu:
„Eine strafbare Handlung ist nicht vorhanden, wenn die Handlung durch Notwehr geboten war.
Notwehr ist diejenige Verteidigung, welche erforderlich ist, um einen gegenwärtigen, rechtswidrigen Angriff von sich oder einem anderen abzuwenden.
Die Überschreitung der Notwehr ist nicht strafbar, wenn der Täter in Bestürzung,

Ernstfallsituationen

Furcht oder Schrecken über die Grenzen der Verteidigung hinausgegangen ist."
Im Kommentar zu diesem Gesetz wird erläutert, daß sich der Angriff nicht unbedingt auf Leben oder Gesundheit zu richten braucht. Als Angriffsobjekt kommt jedes rechtlich geschützte Interesse in Betracht. Eine Verteidigung ist deshalb auch erlaubt, wenn sich der Angriff gegen Ehre oder Besitz richtet.

Die Verteidigung muß in einem angemessenen Verhältnis zum Angriff stehen (Verhältnismäßigkeit der Mittel). Es heißt oben: „... diejenige Verteidigung, welche erforderlich ist". Im Karate kann man die Stärke des Gegenangriffs genau dosieren, außerdem kommt es auch auf die Zielpunkte an, die in der Verteidigung angegriffen werden.

Die psychologische Seite der Selbstverteidigung

Die Selbstverteidigung ist vor allem ein psychologisches und dann erst ein technisches Problem. Hier besteht aber ein gewisser Zusammenhang: Das Selbstvertrauen (d. h. die richtige Selbsteinschätzung) wächst, je sicherer du in deinen Techniken wirst, d. h. je mehr du übst. So kommt man auch zu einer gewissen Gelassenheit Krisensituationen gegenüber. Wichtig ist auch die Fremdeinschätzung, d. h. die richtige Beurteilung der Lage, der Gefährlichkeit des Angriffs und des Gegners. Da alle diese Vorgänge im Ernstfall in Sekundenbruchteilen in uns ablaufen müssen, ist tatsächlich der psychologische Teil der Selbstverteidigung ihre schwächste (oder auch ihre stärkste) Stelle, d. h., es kann unter Umständen jemand, der nicht über Kenntnisse von Selbstverteidigungstechniken verfügt, eine Ernstfallsituation besser meistern als einer, der „ein paar Griffe" kennt; ganz einfach deshalb, weil er „einen kühlen Kopf" bewahrt oder „unerschrocken" ist.

Alle diese so wichtigen psychologischen Probleme kann man in einem Lehrbuch niemandem „beibringen". Hier kann man vor allem nur die technische Seite der Selbstverteidigung näher und anschaulich behandeln.

Die technische Seite der Selbstverteidigung

Hierher gehören vor allem die im Kapitel „Grundtechniken" schon genau beschriebenen Stellungen, Schläge, Stöße, Tritte und Blocks in ihrer technisch richtigen Ausführung. Diese Techniken kann man alleine üben und perfektionieren. Im Zusammenhang mit einem Gegner ergeben sich aber noch weit wichtigere technische Probleme als nur die richtige Ausführung der Block- oder Gegenangriffstechnik:

- Die Körperhaltung
  Biete dem Gegner immer möglichst wenig Angriffsfläche, stehe also nicht frontal, sondern immer in einer seitlichen Stellung. Nimm beim Blockieren und beim eigenen Gegenangriff immer eine tiefe Karatestellung ein; nur so kannst du kraftvoll und in gutem Gleichgewicht arbeiten.

Ziel dieses Lehrbuchs

- Das Distanzproblem
  Du mußt immer einen solchen Abstand vom Gegner bewahren, daß du außerhalb seiner Reichweite bist. Beim Blockieren oder Ausweichen mußt du dich andererseits immer in dem richtigen Abstand für den eigenen Gegenangriff bewegen. Je nach der Distanz, die du zum Gegner hast, richtet es sich auch, welche Techniken du im Gegenangriff einsetzen mußt (z. B. große Distanz: Fußangriff; mittlere Distanz: Faust oder Handkante; Nahdistanz: Knie, Ellbogen; Nächstdistanz: Kopfstöße).
- Das Zeitproblem
  Jede Abwehr, die zu spät kommt, ist wirkungslos. Auch der Gegenangriff muß im richtigen Zeitpunkt geführt werden, um den Gegner an seinem jeweils schwächsten Punkt zu treffen.

In den Beschreibungen der Ernstfallsituationen werde ich jeweils auf diese Punkte kurz hinweisen und am Schluß des Buches nochmals Beispiele dafür herausgreifen und auf Gemeinsamkeiten hinweisen.

Was kann dieses Lehrbuch versprechen?

Unser Ziel soll es sein, mit den wenigen grundlegenden Karatetechniken und Bewegungsabläufen eine Vielzahl von nur denkbaren Ernstfallsituationen zu meistern. Man kann tatsächlich mit wenigen gekonnten Techniken im Ernstfall besser bestehen als mit vielen komplizierten und wenig beherrschten Techniken. So muß man im Ernstfall dann auch nicht lange überlegen, weil man ohne Überlegung sofort, beinahe als Reflex, eine der wenigen immer wieder geübten Techniken anwenden kann.

Voraussetzung dafür ist natürlich
1. die Beherrschung der im Kapitel „Grundtechniken" beschriebenen Techniken
2. das Üben der in diesem Buch gezeigten Verteidigungssituationen mit einem Partner
3. das „Durchspielen" eigener Varianten der Angriffs- und Verteidigungsaktionen. Auf solche Varianten wird im Text auch jeweils hingewiesen.

Für die Meisterung der Ernstfallsituationen wollen wir uns als Zusammenfassung unserer Überlegungen einige wichtige Grundregeln aufstellen, die wir nie vergessen dürfen (siehe nächste Seite).

Ernstfallsituationen

Grundregeln der Selbstverteidigung

1. Bewahre immer den Überblick, die Ruhe! Sei möglichst gelassen! Nur so kannst du die Situation und den Gegner unbeeinflußt von Angst oder Schrecken richtig einschätzen (ungetrübtes Urteilsvermögen).
2. Unterschätze nie den Gegner! Nimm immer an, er sei gefährlich! Sei immer auf der Hut!
3. Lasse in deiner Aufmerksamkeit nicht zu früh nach! Die Abwehrhandlung ist erst dann vollendet, wenn der Angreifer von weiteren Angriffen absieht oder kampfunfähig ist. Behalte den Gegner nach deinen Gegenangriffen im Auge!
4. Nimm immer eine feste, seitliche Stellung ein! Halte den Oberkörper immer aufrecht! Nur so bist du immer im Gleichgewicht. („Wenn du dein Gleichgewicht – auch seelisch – verlierst, bist du schon halb besiegt!")

Empfindliche Körperstellen

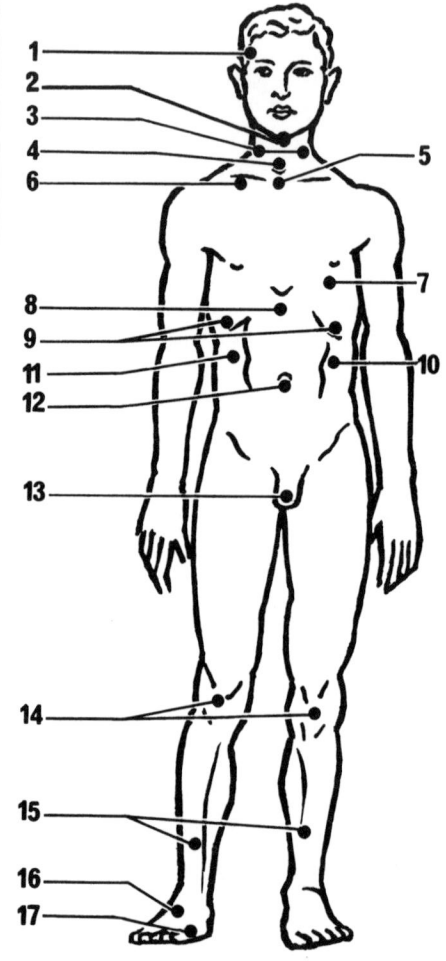

Grundregeln der Selbstverteidigung

Abb. links
1 Schläfe (Handkante, Faust)
2 Kinnspitze (Faust, Ellbogen, Fuß)
3 Halsschlagadern (Handkante)
4 Kehlkopf (Handkante, Fingerspitzen)
5 Vertiefung unterhalb des Kehlkopfes (Fingerspitzen)
6 Schlüsselbein (Handkante)
7 Herz (Ellbogen, Handkante, Faust)
8 Solarplexus (Fingerspitzen, Handkante, Faust, Ellbogen, Fuß)
9 Kurze Rippen (Handkante, Faust, Ellbogen, Fuß)
10 Magen (Handkante, Faust, Ellbogen, Fuß)
11 Leber (Handkante, Faust, Ellbogen, Fuß)
12 Unterleib (Handkante, Faust, Ellbogen, Fuß)
13 Hoden (Fuß, Faust)
14 Kniescheiben (Fuß)
15 Schienbeine (Fuß)
16 Fußbrücke (Stampfen)
17 Große Zehe (Stampfen)

Abb. rechts
18 Stelle hinterm Ohr (Handkante)
19 Hinterkopf (Faust, Handkante)
20 Genick (Handkante, Faust)
21 Schultermuskel (Handkante)
22 Wirbelsäule (Ellbogen, Fuß)
23 Nieren (Handkante, Fuß)
24 Kniekehlen (Fuß)

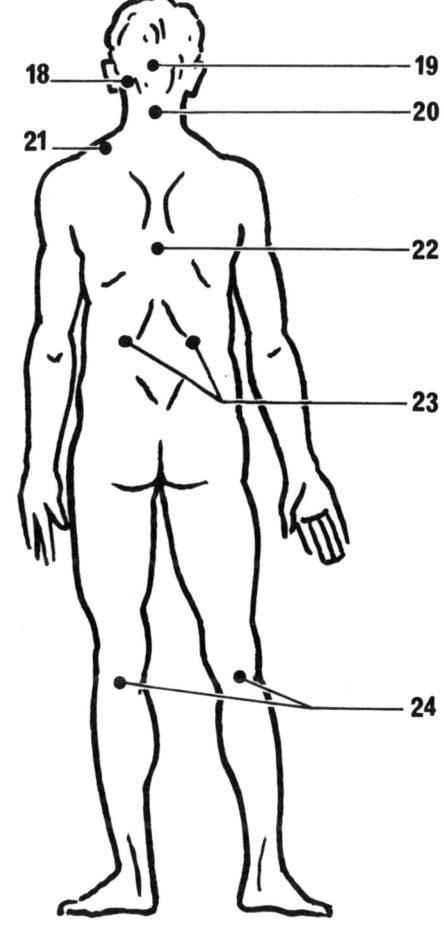

Ernstfallsituationen

Der Gegner greift zu

Du kannst die greifenden Arme eines Gegners nach innen, außen oder oben wegschlagen mit den Blocktechniken (siehe Grundtechniken). Oder wie in Abb. 1: Dem Gegner, der deine Handgelenke greifen will, scheren wir mit der rechten Handkante seine zugreifenden Arme nach innen weg, während wir links zur Seite gehen. Will er uns am Hals oder an der Kleidung packen, kannst du nach links vorwärts gehen und seine greifenden Arme mit der linken Handfläche nach innen wegschlagen (Abb. 2). Du kannst vor einem zugreifenden Gegner auch einfach zurückweichen und eine Karate-Kampfstellung einnehmen, nachdem du ihn zuvor kurz mit einem Handballenstoß unter die Nase „gewarnt" hast. „Ausweichen ist der beste Weg, um zu gewinnen."

Auch auf dieses Grundprinzip werden wir immer wieder zurückkommen: Dem Angriff des Gegners ausweichen, ohne ihn abzustoppen, und so seine Angriffskraft für unseren eigenen Gegenangriff ausnützen.

1

2

Der Gegner greift zu

Der Gegner erfaßt unser Handgelenk auf der gleichen Seite und zieht

Wir gehen – dem Zug nachgebend – einen großen Schritt vor zur Vorwärtsstellung und stoßen ihm aus der Hüftdrehung den Handballen unters Kinn.

Wir werden diagonal am Handgelenk erfaßt

Gehe links weit vor zur Seitwärtsstellung, entwinde dabei das erfaßte Handgelenk nach rechts und stoße den Angreifer mit dem Handballen aufs Ohr (Schock!).

Ernstfallsituationen

Der Gegner erfaßt ein Handgelenk mit beiden Händen und zieht

Mache – dem Zug folgend – einen Übersetzschritt mit dem hinteren Bein (Abb. 2) und dann einen Seitwärtsfußstoß mit der Fußkante (Abb. 3). Andere Möglichkeit: Fasse dein ergriffenes Handgelenk mit der freien Hand von oben (Abb. 4) und entreiße das ergriffene Handgelenk über die Daumen nach oben (Abb. 5). Anschließend Handkantenschlag zum Hals oder zur Schläfe (Abb. 6).

Der Gegner greift zu

Ernstfallsituationen

Beide Handgelenke werden von vorne ergriffen

Mache einen Schritt zurück zur tiefen Karatestellung, spreize die Arme dabei, dann kommt der Angreifer nach vorne aus dem Gleichgewicht (Abb. 1). Vorwärtsfußtritt, dabei die erfaßten Arme auf deinen Körper zu ziehen (Abb. 2). Wenn die Distanz zu gering ist, kannst du auch den Kniestoß machen (Abb. 3).
Andere Möglichkeit, wenn der Angreifer erfaßt und zieht: Schritt links vor, deinen linken Arm auf dich zu ziehen, dadurch bewegt sich sein Kopf auf deinen Ellbogenstoß nach oben zu (Abb. 4).

Der Gegner greift zu

Beide Handgelenke werden von hinten ergriffen

Stampftritt mit der Ferse oder Fußkante rückwärts zum Knie, Schienbein oder Fußrücken (Abb. 2 u. 3) oder Tritt rückwärts nach oben in den Genitialbereich (Abb. 4).

Ernstfallsituationen

Gegner will links zum Kragen fassen und rechts schlagen

Nach rechts vorwärts ausweichen (von der gefährlichen Schlaghand weg), dabei den zugreifenden Arm mit der rechten Handfläche nach innen wegfegen (Abb. 2), so daß die Angriffsbewegung nicht unterbrochen wird und der Angreifer genau auf deinen linken Kniestoß drauf läuft (Abb. 3). Ziehe ihn möglichst noch dagegen.

1

2

3

Der Gegner greift zu

Angreifer hat gefaßt und schlägt zu

Schritt rechts vor zu tiefer Seitwärtsstellung (Kopf aus der Gefahrenzone bringen – ausweichen), dabei harter Unterarmblock (Abb. 2) und anschließend seitlicher Ellbogenstoß zum Solarplexus (Abb. 3) oder mit blockendem Arm Handkantenschlag zur Halsschlagader (Abb. 4).

Ernstfallsituationen

Erfassen des Kragens von hinten

Tauche unter dem erfaßten Arm nach hinten durch, schlage den Angreifer dabei mit der Handkante auf die Leber (Abb. 2), ziehe jetzt auch den Kopf und den rechten Arm unter seinem Arm durch (Abb. 3). Zum Abschluß Handkante rechts auf die Niere (Abb. 4). Im Anschluß an Abb. 3 wäre Kniestoß rechts möglich. Das zeigen wir in Abb. 5–8 aus einem anderen Blickwinkel, da dieses Zurseitegehen und Draufziehen des Gegners auf den anschließenden Kniestoß noch bei vielen anderen Angriffen zur Abwehr eingesetzt wird. Abb. 5–7 zeigen das Durchtauchen unter dem zufassenden Arm mit Handkantenschockschlag zur Leber. Abb. 8 zeigt, wie der Angreifer in den Kniestoß gezogen wird.

1

2

3

Der Gegner greift zu

4

7

5

8

6

Ernstfallsituationen

Ergreifen beider Rockaufschläge

Setze dem Angreifer den gestreckten Zeigefinger in die Vertiefung unterhalb des Kehlkopfes (dort befindet sich, durch Muskeln nicht geschützt, die Luftröhre) (Abb. 1 und 2). Drücke dich dann weg, indem du den Arm streckst und eine tiefe Seitwärtsstellung einnimmst (Abb. 3). Der Angreifer muß den Griff lösen.
<u>Andere Abwehr</u> (Abb. rechte Seite): Preßluftschlag mit beiden Handflächen auf die Ohren (Abb. 1 u. 2).
<u>Weitere Möglichkeit</u> (Abb. rechte Seite): Keilblock und Fußtritt. Stoße beide Arme mit aneinandergelegten Handflächen wie einen Keil zwischen seine greifenden Arme (Abb. 3). Gehe dann zur tiefen Rückwärtsstellung zurück und ziehe dabei an seinen Armen nach unten (Abb. 4). So kommt er nach vorn aus dem Gleichgewicht, und dein Kniestoß (Abb. 5) oder (bei größerem Abstand) Fußtritt (Abb. 6) wird in der Wirkung verstärkt.

Der Gegner greift zu

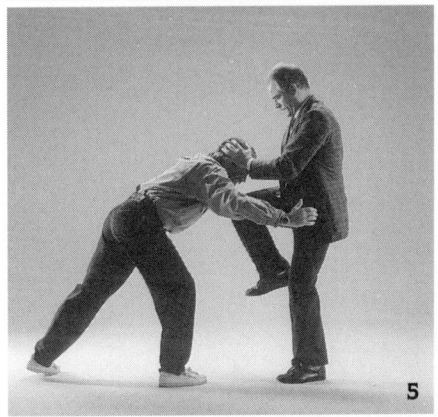

Ernstfallsituationen

Körperumklammerungen

Auch hier schon reagieren, bevor der Gegner fest zufaßt (ausweichen, wegtauchen!). Wenn der Gegner gefaßt hat, Kopfstoß und Stampfen mit dem Fuß.

Umklammerung von vorne unter den Armen

Führe die Abwehr so durch, wie es in den Abb. auf dieser Seite gezeigt wird:

Schlage mit dem Handballen auf die kurzen Rippen (Abb. 2) – der Gegner richtet sich auf –, dann Preßluftschlag mit den Handballen auf die Ohren (Abb. 3 u. 4).

Umklammerung von vorne über den Armen (nach und vor dem Zugreifen)

Vergleiche die Abb. rechte Seite: Hat der Gegner bereits zugegriffen (Abb. 1), ist auch hier Kopfstoß nach vorn möglich. Hier aber Handspitzenstoß mit beiden

Körperumklammerungen

Händen gegen die Leisten und Schritt zurück (Platz schaffen) (Abb. 2) und anschließend Kniestoß (Abb. 3). Den Gegner dabei fassen und gegen den Kniestoß ziehen! Hat der Gegner noch nicht zugegriffen, Schritt rückwärts zur tiefen Karate-Vorwärtsstellung. Dabei die Ellbogen nach außen stoßen (Keilwirkung). Der Gegner kann die Zange seiner Arme nicht schließen (Abb. 4). Anschließend den Angreifer unter den Schultern fassen und auf Kniestoß draufreißen (Abb. 5).

3

1

4

2

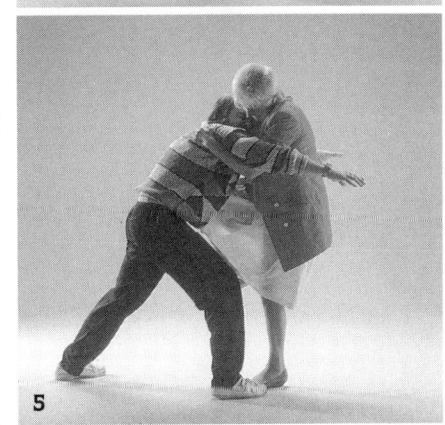

5

Ernstfallsituationen

Umklammerung von hinten unter den Armen

Schlagen mit den vorstehenden Knöcheln der Mittelfinger gegen den Kopf des Angreifers (Abb. 2) und sofort anschließend kräftig gegen die kurzen Rippen des Gegners (Abb. 3), und man ist frei. Auch hier ist natürlich wieder Fußstampfen möglich (Abb. 4 u. 5) oder Kopfstoß nach hinten (Abb. 6).

1

2

3

Körperumklammerungen

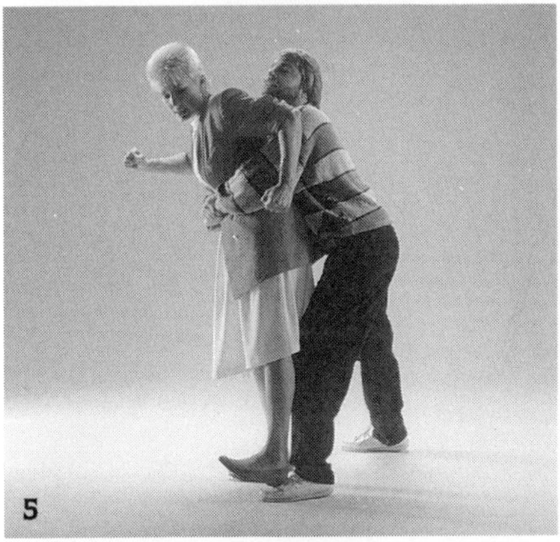

Ernstfallsituationen

Umklammerung von hinten über den Armen

Kopfstoß nach hinten auf die Nase des Angreifers (Abb. 6 der vorigen Abwehr) oder wie hier Fußstampfen (Abb. 2 u. 3). Mit dem Fußstampfen als Vorbereitung kannst du auch zur Seite gehen (Seitwärtsstellung) und dabei die Arme nach vorne reißen (Abb. 4). Anschließend Ellbogenstoß nach hinten bzw. zur Seite (Abb. 5).

Körperumklammerungen

Gegner will Beine umklammern bzw. Kopfstoß in Magen

Seitlich ausweichen und die zugreifenden Arme dabei wegschlagen (Abb. 1). Anschließend Hammerfaustschlag ins Genick (Abb. 2) oder Kniestoß (Abb. 3).

Ernstfallsituationen

Würgeangriffe

Grundsätzlich gilt auch hier, daß es besser ist, nicht in einen Angriff hineinzukommen, als erst zu handeln, wenn der Gegner fest zugegriffen hat. Weiche deshalb auch hier nach Möglichkeit aus, schlage die zugreifenden Arme des Angreifers weg und bewege dich zur Seite dabei! Hat der Gegner deinen Hals erfaßt, mußt du reflexartig sofort die Halsmuskeln spannen, das Kinn anziehen und die Schultern hoch. So wird die würgende Wirkung enorm geschwächt (Abb. 1). Handle in diesem Fall aber sofort!

Würgen von vorne

Hier Fingerstich in die Augen möglich, doppelter Handkantenschlag auf die kurzen Rippen (Nieren) oder auch Preßluftschlag (siehe Abwehr bei „Ergreifen beider Rockaufschläge" und „Umklammerung von vorne unter den Armen"). Hier nun wieder Keilsperre (beide Handflächen gegeneinander, Arme nach oben stoßen – Abb. 2) und anschließend Schritt zurück zur Rückwärtsstellung (Abb. 3) und Kniestoß (Abb. 4). Oder weiter zurückgehen (Abb. 5) und Fußtritt vorwärts (Abb. 6). Also hier ähnliches Abwehren wie beim „Ergreifen beider Rockaufschläge".

Würgeangriffe

Ernstfallsituationen

<u>Andere Abwehr:</u> Schritt nach hinten zur tiefen Seitwärtsstellung, dabei mit gestrecktem Arm die würgenden Arme nach unten wegfegen (Abb. 1 u. 2). Anschließend im Gegenschwung Handkantenschlag unter die Nase, zur Nasenwurzel oder zur Schläfe möglich (Abb. 3).

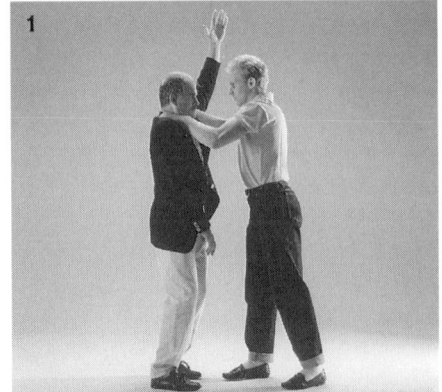

Würgeangriffe

Würgen von hinten

Von hier nach links zur Seite rücken und Schlag mit der Faust zu den Hoden (wie in der Abwehr bei „Unterarmwürgen von hinten", Abb. 4) oder mit der Handkante zur Leber. Oder auch Stampfen oder Treten in den Unterleib (Abb. 2–4).

Ernstfallsituationen

<u>Andere Abwehr:</u> Ebenso wie bei „Erfassen des Kragens von hinten".
Unter den würgenden Armen mit Handkantenschlag nach hinten heraustauchen (Abb. 2), Kopf und rechten Arm durchziehen (Abb. 3), rechts auf seinen Rücken greifen und ihn auf den Kniestoß ziehen (Abb. 4). Aus der Stellung von Abb. 3 ist auch wieder Handkantenschlag zu den Nieren möglich (vergleiche „Erfassen des Kragens von hinten", Abb. 3 u. 4).

Würgeangriffe

Unterarmwürgen von hinten

Hänge dich an den würgenden Unterarm, um den Würgeeffekt etwas zu mildern. Nach hinten drehen und über Bein werfen (Abb. 2). Anschließend am Boden Ellbogenstoß nach unten gegen den Gegner ausführen (Abb. 3). Auch Ellbogenstoß nach hinten möglich (Abb. 4). Oder zur Seite rücken und Handkantenschlag zu den Hoden (Abb. 5).

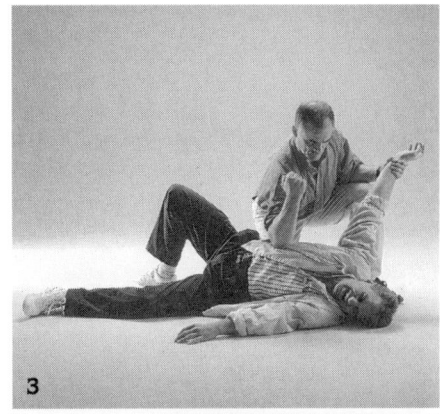

Ernstfallsituationen

Schwitzkasten von der Seite (vor dem Zugreifen)

Abb. 1 a u. 1 b: Weiche nach hinten seitlich aus zu einer tiefen Seitwärtsstellung, mache dabei einen Aufwärtsblock, so daß der Angreifer seine angreifenden Arme nicht zur Zange schließen kann! (Abb. 1a). Anschließend sofort Kniestoß im Halbkreis (Abb. 1 b). Ziehe den Gegner dabei mit deiner rechten Hand, die um sein Genick faßt, auf dich zu.

Andere Abwehr nach dem Ausweichen (Abb. 2 a – 2 d): Handkantenschlag in den Unterleib (Abb. 2a u. 2b) oder Ellbogenstoß nach vorne zum Kinn des Gegners (Abb. 2c u. 2d).

Nach dem Zugreifen (Abb. 3 a – 3 d): Hänge dich auch hier an den würgenden Arm, um den Würgeeffekt zu mildern (Abb. 3a), dann Schlag in die Hoden (Abb. 3 b u. 3 c) oder Fingerstich in die Augen (Abb. 3 d). Dabei mit linker Hand gegen den Hinterkopf des Gegners schlagen.

2a

2b

3a

3b

Würgeangriffe

1a

1b

2c

2d

3c

3d

Ernstfallsituationen

Schwitzkasten von vorn
(vor dem Zugreifen)

Tauche unter dem zugreifenden Arm nach links durch (Abb. 1), und ziehe den Gegner auf den Kniestoß drauf (Abb. 2). Vergleiche die Abb. 3, 7 u. 8 bei „Erfassen des Kragens von hinten" und Abb. 3 u. 4 von der zweiten Abwehrmethode bei „Würgen von hinten": Alle zeigen am Schluß den gleichen Bewegungsablauf. Nach links heraustauchen mit gestrecktem rechtem Arm und den Angreifer dann mit diesem Arm auf den von hinten gezogenen Kniestoß ziehen. Diese wirksame Verteidigungsaktion werden wir noch gegen andere Angriffe anwenden. Beachte die Hinweise und vergleiche jeweils!

Schwitzkasten von vorn
(nach dem Zugreifen)

Vergleiche die Abb. rechte Seite (linke Spalte): Faustknöchelstoß in die Hoden (Abb. 2). Beim Ausholen schlägt eventuell schon unser Ellbogen in sein Gesicht (Abb. 1). Anschließend Kniestoß (Abb. 3).

Würgeangriffe

Doppelnelson

Vergleiche die Abb. unten und auf der nächsten Seite: Schlag mit den Mittelfingerknöcheln zu den Schläfen und anschließend zu den kurzen Rippen des Angreifers (Abb. 2–4).

Anschließend den Körper aus den Hüften nach links herumschwingen mit Ellbogenstoß links, und der Angreifer wird weggeschleudert (Abb. 5). Vergleiche mit

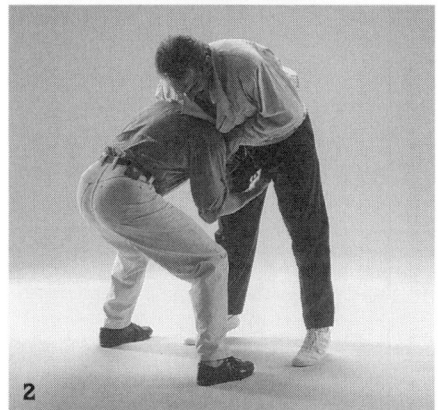

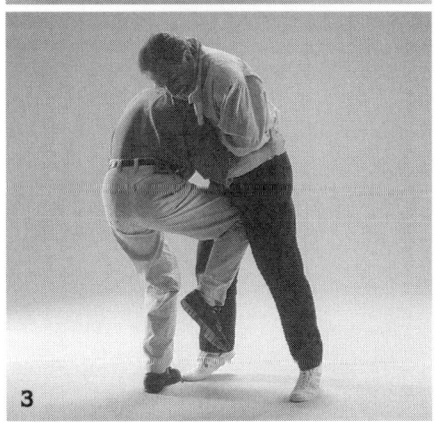

Ernstfallsituationen

den Abb. 2 u. 3 bei „Umklammerung von hinten unter den Armen"! Natürlich ist auch hier ein Stampftritt möglich (Abb. 6). Oder ein Schnapptritt nach oben zwischen die Beine (Abb. 7).

5

3

4

6

7

Angriffe aus der Distanz

Schlägerangriffe

Bei gefährlichen Schlägern ist es schlecht möglich, einzelne Schläge und Stöße zu parieren. Besonders der ungeübte Verteidiger sollte es deshalb vermeiden, sich mit dem Schläger in einen Schlagabtausch einzulassen. Grundsätzlich Distanz bewahren, außerhalb der Reichweite der schlagenden Fäuste bleiben, notfalls den Rücken zudrehen und mit den Füßen arbeiten. Hier ein paar Beispiele:

Schlag von vorne

Wenn er mit seiner Führungshand herauskommt (Wegrutschen mit Age-Uke, Abb. 2), bietet er unter diesem Arm eine Blöße, die sofort mit einem Vorwärtsfußtritt angegriffen werden kann. Tritt in den Unterleib (Abb. 3). Dies ist auch ein Beispiel für die richtige Zeitwahl: Tritt erst, wenn er mit der Führungshand herauskommt, dann ist seinerseits keine Gegenwehr möglich, außerdem bewegt er sich so noch in deinen Fußtritt hinein. (Du kannst natürlich auch mit dem anderen Fuß nach vorne treten.)

Ernstfallsituationen

<u>Andere Abwehr:</u> Ein Tritt ans Knie mit der Fußaußenkante (links oder rechts) ist äußerst wirksam, strecke dein Bein dabei ruckartig durch (Abb. 1). Oder man kann dem Gegner den Rücken zudrehen und rückwärts mit dem Fuß ans Knie oder in den Unterleib treten (Abb. 2–4).

Angriffe aus der Distanz

Weitere Abwehr bei Schlag von vorne: Ein weiterer wichtiger Grundsatz ist es, außen herum um den Schläger zu gehen, nicht in seine Schlaghand (rechts) laufen. Wenn er mit der linken Führungshand herauskommt, kannst du – mit der linken Handkante blockierend – nach rechts herausgehen (weg von seiner gefährlichen rechten Schlaghand) (Abb. 1) und sofort einen Handkantenschlag gegen die Nieren ausführen (Abb. 2). Den gleichen Grundsatz machst du dir zunutze, wenn du rechts außen vorgehst, dabei die Führungshand des Gegners nach innen fegst und ihn auf den von hinten hergeholten Kniestoß laufen läßt (Abb. 3 u. 4). Das ist genau derselbe Bewegungsablauf wie bei „Gegner will links Kragen fassen und rechts zuschlagen": Nach vorne seitlich außen ausweichen und die Angriffsbewegung des Gegners weiterführen auf den von hinten hergezogenen Kniestoß. Auch diesen Bewegungsablauf werden wir noch öfters anwenden.

Ernstfallsituationen

Verteidigung gegen Angriffe mit Schlagwaffen (Stöcke, Flaschen, Stahlruten usw.)

Grundsätzliches: Jede Schlagwaffe hat außen ihre größte Geschwindigkeit und ist deshalb außen am gefährlichsten. Ihr Vorteil liegt in der größeren Reichweite (verlängerter Arm) – und der größeren Wucht. Ihr Nachteil: Es muß zuerst ausgeholt werden. Daraus folgt: Nie zurückweichen, sondern unterlaufen, hineinspringen, und das schon möglichst beim Ausholen des Angreifers.

Stockschlag von oben seitlich

Gehe in den Schlag hinein (unterlaufen), umschlinge den schlagenden Arm und ziehe den Angreifer auf den Kniestoß (Abb. 1–3).

Angriffe aus der Distanz

Stockschlag von der Seite

Gehe in den Schlag hinein, blockiere dabei mit der linken Handkante (Abb. 1). Gegenangriff mit Handkantenschlag rechts zur Halsschlagader (Abb. 2).

Ernstfallsituationen

Stockschlag von oben

Hier tauchen wir unter dem Schlag nach links heraus. Zum Schutz strecken wir den rechten Arm nach vorne (mit diesem Arm soll die Schlagbewegung nicht abgeblockt werden, sondern nur an ihm entlang abgleiten). Auf diese Weise wird sein Angriffsschwung nicht unterbrochen, und dein von rechts hinten hergeholter Kniestoß wird so wirkungsvoller (Abb. 1 u. 2).

Ziehe ihn dabei mit der rechten Hand auf den Kniestoß zu. Wenn du beim Heraustauchen nach links einen größeren Abstand zum Gegner hast (Abb. 3), machst du als Gegenangriff den Halbkreisfußstoß (Abb. 4). Das ist im Grunde wieder das gleiche Prinzip wie bei den Abb. 1–4 bei „Erfassen des Kragens von hinten" und bei der zweiten Abwehr bei „Würgen von hinten": Seitlich heraustauchen und auf den von hinten gezogenen Kniestoß

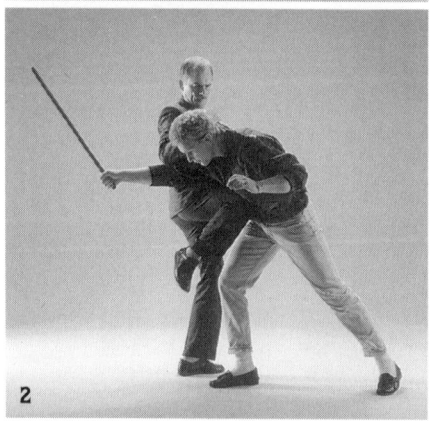

Angriffe aus der Distanz

laufen lassen. Hier können wir nun beim Heraustauchen den Abstand etwas größer wählen (bei Angriffen mit Waffen zu empfehlen), so daß wir im Anschluß den Halbkreisfußtritt machen können.
Dieses Prinzip wird noch einmal in Abb. 1–4 verdeutlicht. Knapp zur Seite gegangen und Kniestoß (Abb. 1 u. 2). Abb. 3: Größerer Abstand, etwas mehr zur Seite ausgewichen. Im Anschluß daran Halbkreisfußtritt (Abb. 4).

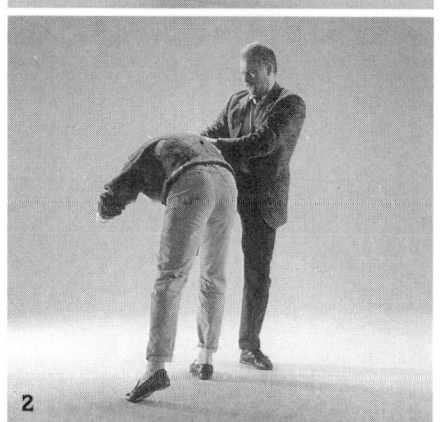

Ernstfallsituationen

Stockschlag über Kreuz

Weiche so aus, daß du hinter den Schlag kommst, blockiere mit beiden senkrecht gehaltenen Unterarmen (Abb. 2). Im Anschluß daran Kniestoß rechts (Abb. 3) oder Fauststoß möglich. Bei der Blockbewegung also nicht gegen den Schlag laufen, sondern mit der Schlagbewegung neben (hinter) den Gegner kommen. Anschließend in die Kniekehle treten und nach hinten umreißen (Abb. 4).

Schlag mit einer Flasche von oben

Vergleiche hier die Abb. rechte Seite: Der Gegner holt aus und will von oben zuschlagen. Handkantenblock links mit Handkantenschlag rechts (Abb. 2), gefolgt von Kniestoß (Abb. 3). Oder nach links ausweichen mit Handkantenblock rechts (Abb. 4), rechtes Knie hochgezogen (Abb. 5) und Stampftritt in Kniekehle (Abb. 6).

1

3

2

4

Angriffe aus der Distanz

Ernstfallsituationen

Messerangriffe

Grundsätzlich sind Angriffe mit einem Messer extrem gefährlich. Glaube nicht, daß deine gut geübten Karatetechniken eine Garantie zur gefahrlosen Abwehr wären! Sie geben dir im unausweichlichen Ernstfall lediglich eine echte Chance. Laufe weg, wenn du kannst! Wenn das nicht geht, so suche dir möglichst eine Verlängerung deines Armes (Stock, Latte o. ä.), mit der du den Gegner weghalten und dich wirksam verteidigen kannst. Wenn diese Möglichkeit nicht gegeben ist, so nimm eine seitliche Stellung ein.
Zunächst folgt die Verteidigung gegen einzelne Stiche.

Stich von oben

Blockiere den Messerstich mit dem Aufwärtsblock (Abb. 2), anschließend Ellbogenstoß nach oben (Abb. 3) oder Handkantenschlag zum Hals (Abb. 4 u. 5). Auch ein Kniestoß ist aus dieser Lage möglich (Abb. 6). Wenn du beim Blockieren etwas weiter weg bist (Abb. 7), kannst du einen Vorwärtsfußtritt als Gegenangriff machen (Abb. 8). Sicherer als den Stich zu blockieren, ist es auch hier, ausweichend zur Seite zu gehen, so daß der Stich ins Leere geht, und den Angriffsschwung für die eigene Verteidigung gleich mitzubenützen. (Beispiel auf Seite 82)

Messerangriffe

4

7

5

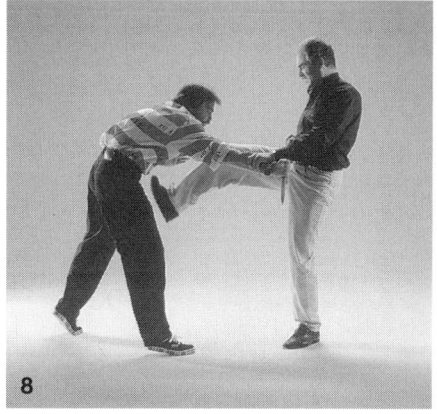

8

6

Ernstfallsituationen

Heraustauchen nach links mit gestrecktem rechtem Arm (Abb. 1), danach bei engem Abstand Kniestoß (Abb. 2), bei größerem Abstand Halbkreisfußtritt (Abb. 3 u. 4). Auch hier sehen wir wieder den gleichen Bewegungsablauf wie in Abb. 1–4 beim „Stockschlag von oben".

1

2

3

4

Messerangriffe

Stich oder Schnitt von der Seite

Blockiere mit der Handkante und als Gegenangriff Handkantenschlag zur Halsschlagader (Abb. 1 u. 2). Andere Möglichkeit: Block mit der Handkante und Fingerspitzenstoß zur Kehle (Abb. 3).

Ernstfallsituationen

Stich über Kreuz

Gleicher Bewegungsablauf wie beim „Stockschlag über Kreuz". Aus der gleichen Ausweichbewegung (Abb. 1) dem Gegner rechts in Kniekehle treten (Abb. 3), nach hinten umreißen (Abb. 4) und anschließend Stampftritt (Abb. 5).

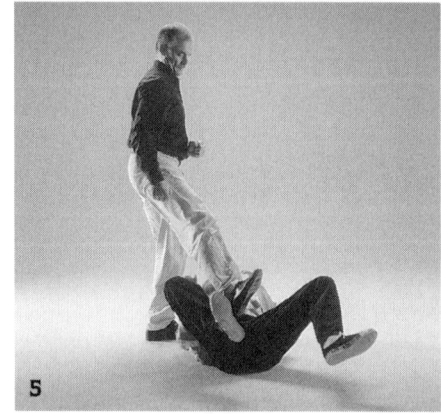

Messerangriffe

<u>Andere Abwehr:</u> Wenn der Gegner beim Angriff nach vorne kommt (Abb. 1), seine ungedeckte Flanke mit Seitwärtstritt angreifen (Abb. 2).

Ernstfallsituationen

Stich von unten

Weiche nach rechts innen aus und mache dabei links einen Abwärtsblock mit der Handkante (Abb. 2). Jetzt sofort Vorwärtsfußtritt rechts (Abb. 3).

Messerangriffe

Andere Abwehr: Wir gehen wieder ausweichend nach links, dabei Abwärtsblock mit der Handkante (Abb. 1) und im Anschluß daran Halbkreisfußtritt in den Unterleib (Abb. 2).
Das ist im Grunde wieder der gleiche Bewegungsablauf wie beim „Stockschlag von oben" (dort die Abb. 3 u. 4). Im Anschluß an diesen Halbkreisfußtritt können wir das tretende Bein auf den Gegner zu absetzen und noch einen Handkantenschlag ins Genick machen (Abb. 3 u. 4).

Ernstfallsituationen

Stiche von nicht klar erkennbarer Richtung

Verteidigungsmöglichkeiten: Bevor der Angreifer sticht, ihm etwas ins Gesicht werfen und (oder) anschließend Fußtritt in den Unterleib oder (Abb. 2) den das Messer haltenden Arm mit der Fußsohle schwungvoll zur Seite schlagen, außen an dem Angreifer vorbeigehen und Halbkreisfußtritt (Abb. 3 u. 4), anschließend Handkantenschlag ins Genick (Abb. 5).

Messerangriffe

Wenn der Angreifer das Messer in der hinteren Hand hält (Abb. 1), seitlicher tiefer Fußtritt mit der Fußkante gegen das Kniegelenk (Abb. 2). Auch hier wieder dann außen am Gegner vorbeigehen, Halbkreisfußtritt in den Unterleib und Handkantenschlag ins Genick (Abb. 3–5).

Ernstfallsituationen

Angriffe mit dem Fuß (Fußtritte)

Der beschuhte Fuß ist – auch wenn er vom Laien eingesetzt wird – eine äußerst gefährliche Waffe.

Fußtritt von vorne

Linke Spalte: Verteidige dich mit Abwärtsblock (Abb. 1) und Handballenstoß zum Gesicht (Abb. 2). Hier kannst du im Gegenangriff auch einen Faustsoß machen.

<u>Andere Möglichkeit:</u> Ausweichen nach links vorn mit Abwärtsblock rechts (wie beim „Messerstich von unten"). Anschließend sofort Fußtritt vorwärts zu den Hoden (Abb. 1 u. 2).

1

1

2

2

Angriffe mit dem Fuß

Im Anschluß an den Abwärtsblock besteht darüber hinaus auch die Möglichkeit aus der Körperdrehung heraus einen Handkantenschlag zum Genick zu machen (Abb. 3 u. 4).

Fußtritt von der Seite (Halbkreisfußtritt)

Unterarmblock nach außen (Abb. 1) und Fauststoß zum Kopf (Abb. 2).

3

4

1

2

Ernstfallsituationen

Pistolenangriffe

Grundsätzliches: Um 50,– DM ärmer sein ist besser als ein Loch in der Brust! Wende diese Techniken nur an, wenn es um dein Leben geht. Ansonsten mit dem Angreifer reden, nicht den Helden spielen wollen!

Pistole von vorn

Den Gegner in Sicherheit wiegen, Angst zeigen, ihn dann irritieren (z. B. plötzlich erstaunt über seine Schulter schauen), dann blitzschnell zur Seite treten (Körper aus Schußrichtung) zu einer tiefen Seitwärtsstellung, verbunden mit dem Wegschlagen der Waffenhand nach innen (Abb. 2). Von hier aus Faustsoß rechts zur Leber oder zur Schläfe (Abb. 3) oder Kniestoß auf Leber, Unterleib (Abb. 4).

Pistolenangriffe

Andere Abwehr: Aus der Position in der Abb. 1 (linke Seite) kann folgende Abwehr durchgeführt werden: Wegschlagen der Waffenhand nach außen und gleichzeitig Fingerspitzenstoß zur Kehle (Abb. 1).

Pistole von der Seite

Drehung nach links mit gleichzeitigem Handkantenschlag auf die Halsschlagader (Abb. 2).

Ernstfallsituationen

Pistole von hinten

Nach hinten schauen, Abwärtsblock mit Schritt links (Abb. 2) und sofort Ellbogenstoß vorwärts zum Kinn (Abb. 3) oder Handkantenschlag, Faust- oder Kniestoß möglich.

Abwehr mehrerer Angreifer

Solche Situationen sind natürlich noch schwieriger zu meistern, da mehrere Angreifer und ihre Aktionen blitzschnell zu beurteilen sind. Wir beginnen mit einfacheren Situationen:

Zwei Gegner packen die Handgelenke

In Abb. 1 haben zwei Angreifer an beiden Handgelenken zugepackt. Mache in Richtung des Gegners, der stärker zieht, einen tiefen Übersetzschritt. Bleibe aufrecht dabei! (Abb. 2). Sofort anschließend einen Seitwärtstritt in den Unterleib. In Abb. 3 ist der Tritt erfolgt, und durch das Loslassen dieses Angreifers wirst du jetzt natürlich auf den anderen Gegner zugezogen. Mache deshalb dem Zug folgend einen weiten Übersetzschritt auf den verbliebenen Gegner zu (Abb. 4) und sofort anschließend einen Vorwärtsfußtritt in seinen Unterleib (Abb. 5).

Ernstfallsituationen

Angriff von vorne und Körperumklammerung von hinten

Gefährlicher ist schon die nächste Situation (rechte Seite, Abb. 1):
Tritt den nach dir schlagenden Angreifer in den Unterleib (Abb. 2), stampfe mit dem gleichen Fuß – ohne ihn vorher abzusetzen – dem umklammernden Gegner auf die große Zehe (Abb. 3). Setze den Fuß dann ab zur tiefen Seitwärtsstellung, wobei du die Arme nach vorn reißt, um die Umklammerung vollends zu sprengen (Abb. 4), und mache zum Abschluß einen Ellbogenstoß nach hinten (Abb. 5).

Abwehr mehrerer Angreifer

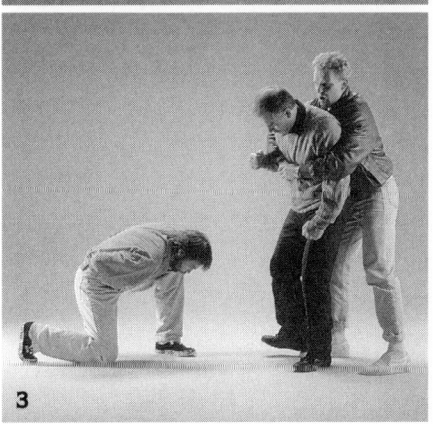

Ernstfallsituationen

Abwehr mehrerer Angreifer

Zwei Angreifer nähern sich (Abwehr 1)

Einen anderen wichtigen psychologischen Grundsatz sehen wir bei der nächsten Situation: Deine Aufmerksamkeit scheinbar voll dem Angreifer widmen, der am nächsten steht, und dann selbst blitzschnell den anderen Angreifer angreifen, der in diesem Moment gar nicht damit rechnet (Abb. 1–6 linke Seite). Abb. 6 zeigt uns auch den Grundsatz, die Gegner auch nach unseren Abwehrreaktionen aufmerksam zu beobachten.

1

Zwei Angreifer nähern sich (Abwehr 2)

Vergleiche bitte hierzu die Abb. rechts: Greifen zwei Gegner gleichzeitig an, ist es am besten, im letzten Moment wegzuspringen. Hast du dazu keine Möglichkeit, machst du nach rechts blind einen kräftigen Seitwärts- oder Rückwärtstritt, der diesen Angreifer zumindest weghält. Dem anderen Angreifer widmest du die volle Aufmerksamkeit, um seinen Angriff kontern zu können (hier mit Unterarmblock links und gleichzeitigem Fauststoß zum Kinn, Abb. 2).
Weitere wichtige Grundsätze sind: Sich eine Rückendeckung suchen, versuchen, immer einen Gegner zwischen sich und dem nächsten Angreifer zu haben.

2

Ernstfallsituationen

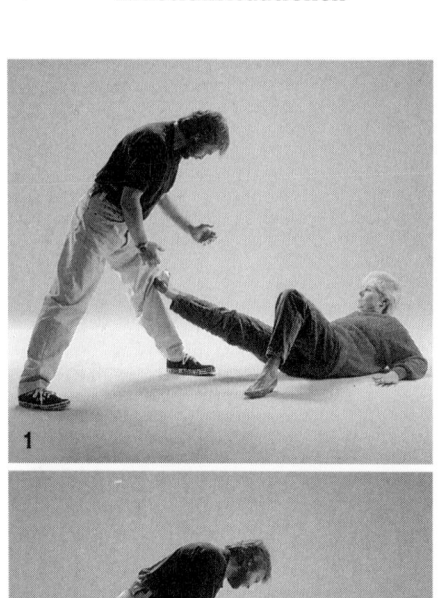

1

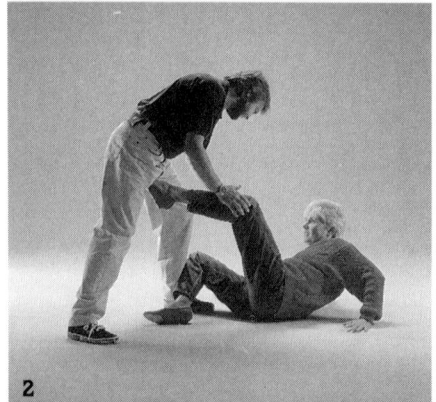

2

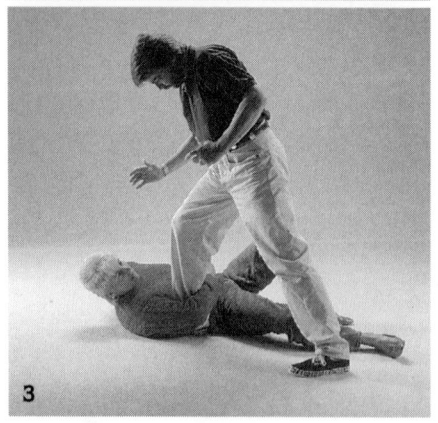

3

4

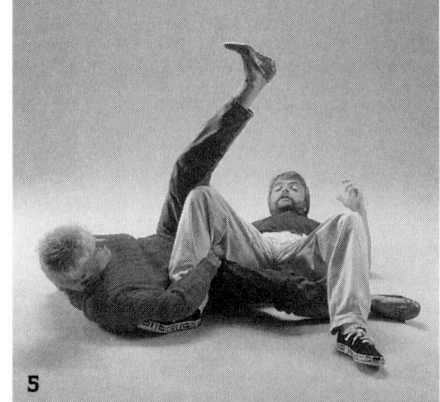

5

6

Verteidigung in der Bodenlage

Der Gegner greift mit den Fäusten an

Auch hier nur die wichtigsten Prinzipien. (Vergleiche Abb. linke Seite.)
Abb. 1: Auf dem Rücken liegend immer die Füße zum Angreifer drehen und ihn mit kräftigen Tritten gegen Schienbein, Kniescheibe oder Unterleib (Abb. 2) abwehren. Ist es ihm gelungen, seitlich neben dich zu gelangen, sofort das vordere Bein festhalten (Abb. 3) und ihn mit einem kräftigen Fußtritt umwerfen (Abb. 4). Anschließend ausholen mit dem Hacken (Abb. 5) und Hackenschlag in den Unterleib (Abb. 6).

Der Gegner sitzt im Reitsitz auf uns und würgt

Die Abwehr wird in der Abb. rechts gezeigt: Fingerstich ins Auge (Abb. 1), zur Kehle (Abb. 2). Auch doppelter Handballenschlag zu den Ohren (Abb. 3) oder Handkantenschlag zum Hals (oder von außen zu den Nieren) möglich.

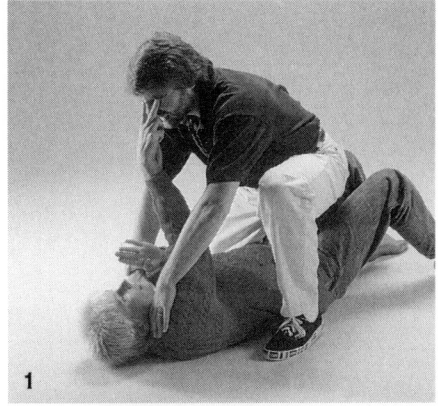

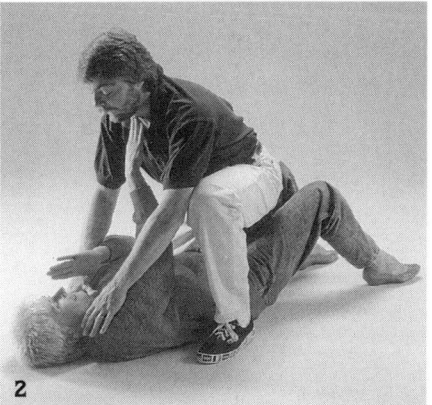

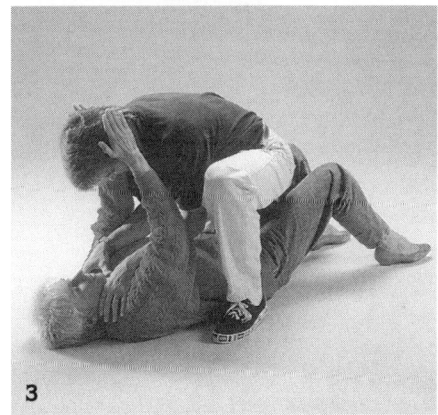

Ernstfallsituationen

Vergleichende Übersicht

Bei Schlag, Stoß, Tritt, Stich von vorne (oben) oder unten (Stich) links seitlich nach vorne aus der Angriffsrichtung herausgehen, dabei rechts blockieren, ohne die Angriffsbewegung aufzuhalten und den Angreifer je nach Abstand auf Halbkreisfußtritt oder auf Halbkreisknietritt auflaufen lassen.

Diese Aktion kannst du machen gegen Stockschlag (Flasche, Stahlrute) von oben, Stich von oben, Stich von unten, Tritt von vorn. Auch beim Stockschlag über Kreuz oder Stich über Kreuz kannst du genau dieselbe Verteidigungsaktion machen: nach links vorn zur Seite treten, rechts blockieren und Knie- oder Fußtritt um die Ecke.

Vorteil: Der Angriffsschwung addiert sich zum Gegenangriff und macht ihn so weit wirksamer. Außerdem bist du im Moment des Angriffs nicht mehr dort, wohin der Angriff zielte (ausweichen, aus der Gefahrenzone herausgehen, den Angriff ins Leere gehen lassen).

Diese grundsätzliche Verteidigungsaktion kannst du gegen alle hier aufgezählten Angriffe immer machen, egal ob du im Moment des Angriffs mit dem linken oder rechten Bein vorne stehst. Du kannst dir deine eigene Stellung im Moment des Angriffs ja nicht immer heraussuchen, da der Angriff oft sehr schnell erfolgt. Es ist deshalb für deine sichere Reaktion im Ernstfall sehr wichtig, daß du die Verteidigungsaktionen, ohne umdenken zu müssen, aus jeder Stellung heraus machen kannst. Zur Verdeutlichung wollen wir das beim Stockschlag von oben erklären: Abb. 1, Seite 74, zeigt die Ausgangssituation. Der Verteidiger steht links vorne und kann von hier aus direkt zu der in Abb. 1, Seite 76, gezeigten Stellung gelangen. Nehmen wir nun einmal an, daß der Verteidiger im Moment des Angriffs mit dem rechten Bein vorne stünde. Er braucht nun nur links einen Schritt zur Seite zu machen und ist auch dann wieder in der in Abb. 1, Seite 76, gezeigten Ausweichstellung. Übe das auch beim Stich von oben und von unten und beim Fußtritt von vorn! Diesen Bewegungsablauf können wir also in einer Vielzahl von Situationen anwenden.

Im Grunde ist auch das Heraustauchen und Draufziehen auf den Kniestoß beim „Erfassen des Kragens von hinten" (siehe Abb. 5–8, Seite 51), beim „Würgen von hinten" (siehe Seite 64) und beim „Schwitzkasten von vorn vor dem Zugreifen" (siehe Seite 68) der gleiche Bewegungsablauf: links raustauchen und auf Kniestoß rechts draufziehen.

Selbst die Verteidigungsaktionen gegen das Fassenwollen des Kragens (siehe Abb. Seite 48) und gegen den Fauststoß links (siehe Abb. 3 u. 4, Seite 73) kann man hier einordnen: Auch hier Herausgehen aus der Angriffsrichtung nach seitlich vorne, dabei so blockieren, daß der angreifende Arm nicht gebremst, sondern nur abgelenkt wird und der Angreifer auf den von hinten kommenden Kniestoß mit dem ganzen Angriffsschwung draufläuft.

Ein ähnliches Grundprinzip entdecken wir auch bei der Verteidigungsaktion, wenn der Angreifer links unsere Kleidung gefaßt hat und rechts zuschlägt (Abb. 1 u. 2,

Vergleichende Übersicht

Seite 49): Blockierend nach rechts vorne aus der Angriffsrichtung ausweichen (dein Kopf, auf den er zielt, darf sich nicht mehr dort befinden) und dann Gegenangriff.

Mache dir beim Üben diese Gemeinsamkeiten bewußt! Die Sicherheit deiner unbewußten Reaktionen im Ernstfall wird größer, je „einfacher" das ganze System der Verteidigung ist. Es schult deshalb unser Unterbewußtsein wirkungsvoller, wenn wir die Verteidigungsaktionen auf wenige, immer wiederkehrende Prinzipien zurückführen.

Schlußwort

Das vorliegende Buch ist ausschließlich dem realen Zweck der Selbstverteidigung gewidmet. Das klassische KARATE als moderner Wettkampfsport bietet aber noch weit mehr:
- eine hochpräzise Schlagkunst mit Fäusten, Handkanten, Ellbogen, Knien und Füßen
- moderner, harter, ritterlicher und männlicher Wettkampfsport
- hervorragendes körperliches Training auf Kraft, Ausdauer, Gelenkigkeit und Reaktionsschnelligkeit
- wirksamste Selbstverteidigung
- ein ausgezeichnetes Erziehungsmittel: Selbstdisziplin, Härte, Ausdauer, Entschlußkraft, Fairneß und allgemein ein gesundes Selbstvertrauen werden entwickelt.

Sollten Sie durch dieses Buch Lust bekommen haben, Karate im Kreise Gleichgesinnter zu erlernen, so können Sie bei nachfolgender Adresse Auskunft über Vereine und Schulen in Ihrer Umgebung bekommen:

Deutscher Karateverband
Grabenstraße 37

4390 Gladbeck

NÜTZLICHE RATGEBER

EINE AUSWAHL Stand: Frühjahr 1991

Essen und Trinken

Meine feine Bürgerliche Küche
(4411-9) Von E. Falout, 160 S., 119 Farbfotos, Pappband. ●●●

Kochen für 1 Person
Rationell wirtschaften, abwechslungsreich und schmackhaft zubereiten. (0586-5) Von M. Nicolin, 104 S., 8 Farbtafeln, 23 Zeichnungen, kart. ●

Schnell und individuell
Die raffinierte Single-Küche
(4266-3) Von F. Faist, 160 S., 151 Farbfotos, Pappband. ●●

Für Kenner und Genießer Lamm
(1090-7) Von H. Imhof, 64 S., 50 Farbfotos, Pappband. ●

Frischer Fang aus Fluß und Meer Fisch
(0964-X) Von L. Grieser, 64 S., 69 Farbfotos, Pappband. ●

Edler Kern in harter Schale Meeresfrüchte
(0886-4) Von L. Grieser, 48 S., 52 Farbfotos, Pappband. ●

Gaumenfreuden Tag für Tag
Pfannengerichte
(1007-9) Von S. Fabke, 64 S., 54 Farbfotos, Pappband. ●

Von Tatar und falschen Hasen Hackfleisch
(0866-X) Von A. und G. Eckert, 64 S., 42 Farbfotos, Pappband. ●

Aus eigener Küche Gute Wurst
(0948-8) Von J. Bessel, G. Quaas, 80 S., 8 Farbtafeln, kart. ●

Aus lauter Lust und Liebe Knoblauch
(0867-8) Von L. Reinirkens, 64 S., 45 Farbfotos, Pappband. ●

Kochen und würzen mit Paprika
(0792-2) Von A. und G. Eckert, 88 S., 8 Farbtafeln, kart. ●

Bintje, Irmgard und Sieglinde
Kartoffeln
(1032-X) Von S. Fabke, 64 S., 43 Farb- und 1 s/w-Foto, Pappband. ●

Leicht und lecker
Nudelgerichte
Die besten Rezepte aus der 3 GLOCKEN-Feinschmecker-Küche.
(0466-4) Von Chr. Stephan, 80 S., 8 Farbtafeln, kartoniert. ●

Pasta in Höchstform Nudeln
(0884-1) Von M. Kirsch, 64 S., 62 Farbfotos, Pappband. ●

Kräftig klar und cremig zart Feine Suppen
(1031-1) Von H. Imhof, 64 S., 48 Farbfotos, Pappband. ●

Herzhaftes für Leib und Seele Eintöpfe
(0820-1) Von P. Klein, 48 S., 30 Farbfotos, Pappband. ●

Spezialitäten unter knuspriger Decke
Aufläufe
(0882-1) Von C. Adam, 48 S., 33 Farbfotos, Pappband. ●

In Hülle und Fülle Pasteten und Terrinen
(0883-X) Von M. Kirsch, 48 S., 62 Farbfotos, Pappband. ●

Die Krönung der feinen Küche Saucen
(0817-1) Von G. Cavestri, 48 S., 40 Farbfotos, Pappband. ●

Schlank und köstlich Spargel
(1005-2) Von M. Kirsch, 64 S., 44 Farbfotos, Pappband. ●

Von Aubergine bis Zucchini Gemüse
(1061-3) Von H. Cohrs, 64 S., 39 Farbfotos, Pappband. ●

Statt Breakfast und Lunch Brunch
(1033-8) Von C. Adam, 64 S., 49 Farbfotos, Pappband. ●

Die schönsten Rezepte für
Frühstück und Brunch
(1063-X) Von K. Kruse-Schorling, 80 S., 8 Farbtafeln, kart. ●

Mit Lust und Liebe
Kochen mit den Meistern
(4445-3) 176 S., 132 Farbfotos, 50 Graffiti, Pappband. ●●●●

Zaubern mit der schnellen Welle
Die neue Mikrowellenküche
(4289-2) Von F. Faist, 208 S., 188 Farbfotos, Pappband. ●●●●

Schnell auf den Tisch gezaubert
Kochen mit Mikrowellen
(0818-X) Von A. Danner, 64 S., 52 Farbfotos, Pappband. ●

Knusprig braten und backen im
Mikrowellen-Kombigerät
(0996-X) Von T. Peters, 128 S., 108 Farbfotos, kartoniert. ●●

Leicht und vitaminreich
Vegetarische Mikrowellenküche
(0995-X) Von F. Faist, 118 S., 103 Farbfotos, kartoniert. ●●

Schnell und individuell
Mikrowellenküche für Singles
(0997-6) Von A. Görgens, 118 S., 103 Farbfotos, kartoniert. ●●

Vom ersten Versuch zum Menü
Mikrowellenküche leicht gemacht
(0994-1) Von T. Peters, 112 S., 96 Farbfotos, kartoniert. ●●

Zart gedünstet, schonend gegart
Fischgerichte aus der Mikrowellenküche
(1092-3) Von A. Ilies, 96 S., 106 Farbfotos, kartoniert. ●●

Köstliches ganz schnell gezaubert
Aufläufe aus der Mikrowellenküche
(1093-1) Von K. Kruse-Schorling, 96 S., 89 Farbfotos, kartoniert. ●●

Natürlich Kochen im
Mikrowellen-Römertopf
(0947-X) Von F. Faist, 96 S., 8 Farbtafeln, kartoniert. ●●

Das neue Fritieren
geruchlos, schmackhaft und gesund.
(0365-X) Von P. Kühne, 88 S., 8 Farbtafeln, kart. ●

Goldbraun und knusprig
Fritierte Leckerbissen
(0868-6) Von F. Faist, 64 S., 47 Farbfotos, Pappband. ●

Schnell und gut gekocht
Die tollsten Rezepte für den Schnellkochtopf
(0265-3) Von J. Ley, 96 S., 8 Farbtafeln, kart. ●

Italienische Vorspeisen Antipasti
(1006-0) Von S. Reiter-Westphal, 64 S., 47 Farbfotos, Pappband. ●

Schlemmerreise durch die
Italienische Küche
(4172-1) Von V. Pifferi, 160 S., 109 Farbfotos, Pappband. ●●●

Schlemmen wie bei Mamma Maria
Pizzas
(0815-5) Von F. Faist, 64 S., 62 Farbfotos, Pappband. ●

Spaghetti, Tagliatelle + Co.
Pasta all'Italiana
(1004-4) Von I. Seyric, 64 S., 57 Farbfotos, Pappband. ●

Pikantes und Süßes mit französischem Charme Bistro-Küche
(4428-3) Von V. Müller, 160 S., 130 Farbfotos, Pappband. ●●

Schlemmerreise durch die
Französische Küche
(4296-5) Von H. Imhof, 160 S., 147 Farbfotos, 3 s/w-Fotos, Pappband. ●●●

Schlemmerreise durch die
Chinesische Küche
(4184-5) Von K. H. Jen, 160 S., 117 Farbfotos, Pappband. ●●●

Verheißungsvoll fernöstlich
Spezialitäten aus dem Wok
(0933-X) Von K. H. Jen, 64 S., 56 Farbfotos, Pappband. ●

Mit Lust und Liebe Chinesisch Kochen
(4441-0) Von Ho Fu-Lung, Uli Franz, 176 S., 189 Farbfotos, 29 Zeichnungen, Pappband. ●●●●

Mehr Freude und Erfolg beim Grillen
(4141-1) Von A. Berliner, 160 S., 147 Farbfotos, 10 farbige Zeichnungen, Pappband. ●●●

Köstliches von Rost und Spieß Grillen
(0931-3) Von A. Kalcher-Dähn, H. K. Kalcher, 64 S., 43 Farbfotos, Pappband. ●

Rezepte rund um Raclette und
Doppelgrill
(0420-6) Von J. W. Hochscheid, 72 S., 8 Farbtafeln, kart. ●

Schlemmen in geselliger Runde
Fleischfondues
(0966-6) Von M. Spötter, 64 S., 62 Farbfotos, Pappband. ●

Fondues und Raclettes
(4253-1) Von F. Faist, 160 S., 125 Farbfotos, Pappband. ●●●

Die hier vorgestellten Bücher, Videokassetten und Software sind in folgende Preisgruppen unterteilt:

● Preisgruppe bis DM 10,–/S 79,–/SFr 10,–
●● Preisgruppe über DM 10,– bis DM 20,–
S 80,– bis S 160,–
SFr 10,– bis SFr 20,–

●●● Preisgruppe über DM 20,– bis DM 30,–
S 161,– bis S 240,–
SFr 20,– bis SFr 29,–

●●●● Preisgruppe über DM 30,– bis DM 50,–
S 241,– bis S 400,–
SFr 29,– bis SFr 48,–

●●●●● Preisgruppe über DM 50,–/S 401,–/SFr 48,–   *(unverbindliche Preisempfehlung)

Die Preise entsprechen dem Status beim Druck dieses Verzeichnisses (s. Seite 1) – Änderungen, im besonderen der Preise, vorbehalten –

Falken-Verlag GmbH · Postfach 1120  D-6272 Niedernhausen/Ts. · Tel.: 0 61 27/70 20

Schmelzendes Käsevergnügen **Raclette**
(0881-3) Von F. Faist, 48 S., 33 Farbfotos, Pappband. ●

Kulinarischer Feuerzauber **Flambieren**
(4294-9) Von R. Wesseler, 120 S., 100 Farbfotos, Pappband. ●●●

Das köstliche knackige Schlemmervergnügen **Salate**
(4165-9) Von V. Müller, 160 S., 80 Farbfotos, Pappband. ●

Gartenfrisch genießen
Feine Salate
(4450-X) Von P. Nikolay, 160 S., 122 Farbfotos, Pappband. ●●●

Köstliche Salate
zum Verwöhnen
(0222-X) Von Chr. Schönherr, 96 S., 8 Farbtafeln, 30 Zeichnungen, kartoniert. ●

Frisch und leicht als Hauptgericht
Schlemmersalate
(0934-8) Von C. Adam, 64 S., 49 Farbfotos, Pappband. ●

Köstlich frisch auf den Tisch
Rohkostsalate
(0865-1) Von C. Adam, 48 S., 26 Farbfotos, Pappband. ●

Raffiniert und gesund würzen
Kräuterküche
(0869-4) Von A. Görgens, 48 S., 43 Farbfotos, Pappband. ●

Miekes Kräuter- und Gewürzkochbuch
(0323-4) Von I. Persy, K. Mieke, 88 S., 4 Farbtafeln, kartoniert. ●

Joghurt, Quark, Käse und Butter
Schmackhaftes aus Milch hausgemacht.
(0739-6) Von M. Bustorf-Hirsch, 32 S., 59 Farbabb., Pappband. ●

Gesund und vielseitig **Alles mit Joghurt**
täglich selbstgezaubert, mit vielen Rezepten.
(0382-6) Von G. Volz, 64 S., 8 Farbtafeln, kartoniert. ●

Locker, flockig, leicht...
Müsli & Co
(0965-9) Von C. Adam, 64 S., 42 Farbfotos, Pappband. ●

Bärenstark und kerngesund
Vollwertkost für Kinder
(0968-2) Von S. Reiter, 64 S., 44 Farbfotos, Pappband. ●

Gesunde Ernährung für mein Kind
(0776-6) Von M. Bustorf-Hirsch, 112 S., 8 Farbtafeln, 5 s/w-Zeichnungen, kart. ●

Das Getreidemühlenkochbuch
(1017-6) Von M. Bustorf-Hirsch, 112 S., 8 Farbtafeln, kartoniert. ●

Meine Vollkornküche
Herzhaftes von echtem Schrot und Korn
(0858-9) Von S. Walz, 96 S., 8 Farbtafeln, kartoniert. ●

Die verlockende Alternative
Süße Vollwertküche
(0936-4) Von A. Roßmeier, 64 S., 50 Farbfotos, Pappband. ●

Die gesunde Art, sich zu verwöhnen
Vollwertküche für Singles
(0937-2) Von A. Görgens, 64 S., 43 Farbfotos, Pappband. ●

Dinkel, Hirse, Roggenkorn...
Kerniges aus der Getreideküche
(0932-1) Von S. Frank, 64 S., 49 Farbfotos, Pappband. ●

Die feine Vollwertküche
(4286-8) Von M. Bustorf-Hirsch, 160 S., 83 Farbfotos, Pappband. ●●●

Mit Lust und Liebe...
Vollwertküche für Genießer
(4412-4) Von Prof. Dr. C. Leitzmann, H. Million, 256 S., 329 Farbfotos, Pappband. ●●●●

Die feine Vegetarische Küche
(4235-3) Von F. Faist, 160 S., 191 Farbfotos, Pappband. ●●●

Schmackhafte Vollwertkost ohne tierisches Eiweiß
(0993-3) Von M. Bustorf-Hirsch, 96 S., 54 Farbfotos, kartoniert. ●●

Cholesterinarm kochen und genießen
(4442-9) Von R. Unsorg, 168 S., 132 Farbfotos, kartoniert. ●●

Die aktuelle **Cholesterintabelle**
(1088-5) Von Dr. H. Oberritter, 84 S., 12 zweifarbige Grafiken, kartoniert. ●

Die aktuelle Vitamin- und Mineralstofftabelle
Mit Angaben zu den wichtigsten Vitaminen und Mineralstoffen
(1110-5) Von Dr. H. Oberritter, 88 S., 1 zweifarbige Grafik, kart. ●

Vollwertküche für Diabetiker
Köstlich kochen und backen für die ganze Familie
(4473-9) Von Prof. Dr. C. Leitzmann, Prof. Dr. H. Laube, H. Million, 168 S., 172 Farbfotos, 8 Zeichnungen, Pappband. ●●●●

Kochen und backen für Diabetiker
Gesund und schmackhaft für die ganze Familie
(4467-4) Von Dr. med. M. Toeller, W. Schumacher, A. Groote, Dr. troph. A. Klischan, 176 S., 182 Farbfotos, Pappband. ●●●●

Würzig kochen ohne Salz
(0922-4) Von S. Roediger-Streubel, 160 S., 16 Farbtafeln, kart. ●

Die Sojaküche
Gesund und abwechslungsreich essen
(0894-5) Von U. Kolster, 80 S., 8 Farbtafeln, kart. ●

Gesund kochen mit Keimen und Sprossen
(0794-9) Von M. Bustorf-Hirsch, 96 S., 4 Farbtafeln, 13 s/w-Zeichnungen, kart. ●

Keime und Sprossen in der Naturküche
(4299-X) Von M. Bustorf-Hirsch, 96 S., 144 Farbfotos, Pappband. ●●

Waffeln
Hörnchen, Pfannkuchen und Crêpes.
(0522-9) Von C. Stephan, 64 S., 8 Farbfotos, kart. ●

Mehr Freude und Erfolg beim
Brotbacken
(4148-9) Von A. und G. Eckert, 160 S., 177 Farbfotos, Pappband. ●●●

Meine Vollkornbackstube
Brot · Kuchen · Aufläufe. (0616-0) Von R. Raffelt, 96 S., 4 Farbtafeln, 12 Zeichnungen, kartoniert. ●

Die feine Vollkornbackstube
(4474-7) Von M. Bustorf-Hirsch, 160 S., 128 Farbfotos, Pappband. ●●●

Mit Körnern, Zimt und Mandelkern
Vollkorngebäck
(0816-3) Von M. Bustorf-Hirsch, 48 S., 39 Farbfotos, Pappband. ●

Knusprig, kernig, urgesund **Vollkornbrot**
(0938-0) Von S. Reiter, 64 S., 46 Farbfotos, Pappband. ●

Weihnachtsbäckerei
Köstliche Plätzchen, Stollen, Honigkuchen und Festtagstorten.
(0682-9) Von M. Sauerborn, 32 S., 34 Farbfotos, Pappband. ●

Meine Weihnachtsbackstube
(5163-8) Von M. Sauerborn, 32 S., 23 Farbfotos, kart., mit Vorlagebogen in Originalgröße. ●

Süße Verführungen **Desserts**
(0885-6) Von M. Bacher, 64 S., 75 Farbfotos, Pappband. ●

Süße Geheimnisse eiskalt gelüftet
Eis und Sorbets
(0870-8) Von H. W. Liebheit, 48 S., 38 Farbfotos, Pappband. ●

Raffiniertes mit
Eis
Drinks/Desserts/Eissorten
(1029-X) Von F. Hoffmann, 64 S., 74 Farbfotos, Pappband. ●

Zart schmelzende Versuchungen
Schokolade
(0819-8) Von J. Schroer, 48 S., 53 Farbfotos, Pappband. ●

Haltbarmachen in der Öko-Küche
Gesunde Konservierungsmethoden für Obst, Gemüse, Kräuter und Pilze. (0923-2) Von M. Bustorf-Hirsch, 120 S., 92 Farbabb., kart. ●●

Komm, koch und back mit mir
Kunterbuntes Kochvergnügen für Kinder.
(4285-X) Von S. und H. Theilig, illustriert von B. v. Hayek, 112 S., 45 Farbabb., Pappband. ●●

Lirum, larum, Löffelstiel...
Kinder kochen mit Knuddel
(1094-X) Von U. Bültjer, 80 S., 27 zweifarbige Zeichnungen, kart. ●

Mit Lust und Liebe **Kalte Platten & Buffets**
Anrichten und Garnieren
(4427-5) Von P. Grotz, 176 S., 228 Farbfotos, Pappband. ●●●●

Garnieren und Verzieren
(4236-1) Von R. Biller, 160 S., 329 Farbfotos, 57 Zeichnungen, Pappband. ●●●

Köstlichkeiten für Gäste und Feste
Kalte Platten
(4200-0) Von I. Pfliegner, 160 S., 130 Farbfotos, Pappband. ●●●

Wenn Gäste kommen...
Kalte Küche
(1060-5) Von A. Ilies, 64 S., 49 Farbfotos, Pappband. ●

Raffiniert und vielseitig
Toasts und Sandwiches
(1109-1) Von R. und T. Donhauser, 64 S., 52 Farbfotos, Pappband. ●

Fein und raffiniert
Canapés und kleine Köstlichkeiten
(0963-1) Von H. Imhof, 64 S., 53 Farbfotos, Pappband. ●

Festlich kochen und backen
für Advent und Weihnachten
(4443-7) Von A. Guter, 96 S., 66 Farbfotos, 1 s/w-Foto, Pappband. ●●

Der perfekt gedeckte Tisch
(1028-1) Von H. Tapper, 80 S., 161 Farbfotos, 13 Zeichnungen, kartoniert. ●●

Der schön gedeckte Tisch
Vom einfachen Gedeck bis zur Festtafel stimmungsvoll und perfekt arrangiert.
(4246-1) Von H. Tapper, 112 S., 206 Farbfotos, 21 s/w-Abbildungen, Pappband. ●●●

Servietten falten
80 Ideen für schön gedeckte Tische
(1042-7) Von M. Müller, O. Mikolasek, 80 S., 289 Farbfotos, 50 Zeichnungen, kartoniert. ●●

Phantasievolle Tischdekorationen selber machen
(0984-4) Von Y. Thalheim, H. Nadolny, 80 S., 174 Farbfotos, 50 Zeichnungen, kart. ●●

Tischkarten dekorativ gestalten
aus allerlei Material für viele Anlässe
(0946-1) Von H. York, 32 S., 108 Farbfotos, Pappband. ●

Servietten dekorativ falten
Geschmackvolle Anregungen aus Stoff und Papier. (**0804**-X) Von H. Tapper, 32 S., 134 Farbfotos, Pappband. ●

Tee für Genießer
Sorten · Riten · Rezepte
(**0356**-0) Von M. Nicolin, 64 S., 4 Farbtafeln, kart. ●

Weine und Säfte, Liköre und Sekt
selbstgemacht.
(**0702**-7) Von P. Arauner, 232 S., 76 Abb., kart. ●●

Fruchtig, spritzig, eisgekühlt
Mixen ohne Alkohol
(**0935**-6) Von S. Späth, 64 S., 44 Farbfotos, Pappband. ●

Mit und ohne Alkohol
Longdrinks
(**1062**-1) Von S. Edelberg, 64 S., 47 Farbfotos, Pappband. ●

Cocktails
(**4267**-1) Von W. R. Hoffmann, W. Hubert, U. Lottring, 160 S., 164 Farbfotos, 1 s/w-Foto, Pappband. ●

Cocktails und Mixereien
für häusliche Feste und Feiern. (**0075**-8) Von J. Walker, 96 S., 4 Farbtafeln, kart. ●

Die besten Punsche, Grogs und Bowlen
(**0575**-X) Von F. Dingden, 64 S., 4 Farbt., kart. ●

SLIM
Der neue, individuelle Schlankheitsplan.
(**4277**-9) Von Prof. Dr. E. Menden, W. Aign, 120 S., 440 Farbfotos, Pappband. ●●●

Schlank werden mit Dr. Hay **Trennkost**
Die bewährten Vollwert-Rezepte von Ursula Summ. (**4298**-1) Von U. Summ, 96 S., 54 Farbfotos, 1 Zeichnung, kart. ●●

Gesund leben mit Dr. Hay **Cholesterinarme Trennkost**
Neue Vollwert-Rezepte von Ursula Summ
(**4475**-5) Von U. Summ, 96 S., 52 Farbfotos, kart. ●●

Eßlust statt Diätfrust
Die Pfundskur
(**1102**-4) Von Prof. Dr. V. Pudel, 144 S., 8 s/w-Zeichnungen, 4 Vignetten, kartoniert. ●

Schlank nach Maß
mit der Diät-Computerwaage
(**1064**-8) Von K. Alisch, 104 S., 8 Farbtafeln, kart. ●

Gesundes Essen für Berufstätige
Die 4-Wochen-Vollwertkur
(**1065**-6) Von M. Weber, ca. 80 S., 8 Farbtafeln, kart. ●

Hobby und Freizeit

Falken-Handbuch
Zeichnen und Malen
(**4167**-5) Von B. Bagnall, 336 S., 1154 Farbabb., Pappband. ●●●●●

Punkt, Punkt, Komma, Strich
Zeichenstunde für Kinder
(**0564**-4) Von H. Witzig, 144 S., über 250 Zeichnungen, kart. ●

Einmal grad und einmal krumm
Zeichenstunde für Kinder
(**0599**-7) Von H. Witzig, 144 S., 363 Abb., kartoniert. ●

Figürliches Zeichnen
leicht gemacht
(**1010**-3) Von H. Witzig, 112 S., 162 Figuren, kartoniert. ●

Airbrush
Kreatives Gestalten mit dem Luftpinsel
(**1133**-4) Von C. M. Mette, 80 S., 145 Farbfotos, 40 Farbzeichnungen, kartoniert. ●●

Spielend zeichnen lernen mit den Montagsmalern
(**0974**-7) Von G. Lages, Sigi Harreis, 112 S., 326 s/w-Zeichnungen, kartoniert. ●●

Kalligraphie
Die Kunst des schönen Schreibens
(**4263**-9) Von C. Hartmann, 120 S., 44 Farbvorlagen, 29 s/w-Vorlagen, 2 s/w-Zeichnungen, 38 Farbfotos, Pappband. ●●●●

Gestalten mit Schrift
Kalligraphie
(**1044**-3) Von I. Schade, 80 S., 2 Farb- und 1 s/w Foto, 143 Farbzeichnungen, kartoniert. ●●

Aquarellmalerei leicht gelernt
Materialien · Techniken · Motive.
(**0787**-6) Von T. Hinz, R. Braun, B. Zeidler, 32 S., 38 Farbfotos, 1 Zeichn., Pappband. ●

Hobby Aquarellmalen
Landschaft und Stilleben.
(**0876**-7) Von I. Schade, A. Brück, 80 S., 111 Farbabb., kart. ●●

Hobby Ölmalerei
Landschaft und Stilleben.
(**0875**-9) Von H. Kämper, I. Becker, 80 S., 93 Farbabb., kart. ●●

Hobby Bauernmalerei
(**0436**-2) Von S. Ramos und J. Roszak, 80 S., 116 Farbfotos und 28 Motivvorlagen, kart. ●●

Seidenmalerei in Vollendung
(**4414**-3) Hrsg. von R. Smend, 160 S., 227 Farbfotos, 36 s/w-Fotos, geprägter Leineneinband mit Schutzumschlag, im Schuber, DM 98,–, S 784,–, SFr 94,10

Seidenmalerei und Modedesign
Modelle · Techniken · Schnittmuster
(**4476**-4) Von B. Hansen, 176 S., 140 Farbfotos, 93 Farb- und 68 s/w-Zeichnungen, Pappband. ●●●●

Seidenmalerei als Kunst und Hobby
(**4264**-7) Von H. Mann, 136 S., Farbabb., 1 s/w-Foto, Pappband. ●●●●

Neue zauberhafte Seidenmalerei
Motive und Anregungen aus der Natur.
(**0924**-0) Von R. Henge, 80 S., 148 Farbfotos, 27 s/w-Zeichnungen, kart. ●●

Kunstvolle Seidenmalerei
Mit zauberhaften Ideen zum Nachgestalten
(**0783**-3) Von I. Demharter, 32 S., 56 Farbfotos, Pappband. ●●

Aquarellieren auf Seide
Materialien · Techniken · Motive
(**0917**-8) Von I. Demharter, 32 S., 41 Farbfotos, Pappband. ●

Seidenmalerei Landschaften
(**5153**-0) Von D. Kosik, 32 S., 50 Farbfotos, 12 Zeichnungen, mit Vorlagebogen in Originalgröße, kart. ●

Seidenmalerei Kissen
(**5151**-4) Von I. Demharter, 32 S., 42 Farbfotos, 2 Zeichnungen, mit Vorlagebogen in Originalgröße, kart. ●

Seidenmalerei Blusen und T-Shirts
(**5104**-0) Von A. Keller, 32 S., 28 Farbfotos, 12 Zeichnungen, mit Vorlagebogen in Originalgröße, kartoniert. ●

Seidenmalerei Tücher und Schals
(**5152**-2) Von R. Henge, 32 S., 36 Farbfotos, 1 Zeichnung, mit Vorlagebogen in Originalgröße, kart. ●

Seidenmalerei Taschen und Gürtel
(**5194**-8) Von S. Tichy-Gibley, 32 S., 30 Farbfotos, 8 Farbzeichnungen, mit Vorlagebogen in Originalgröße, kart. ●

Seidenmalerei Tiermotive
(**5204**-9) Von A. Keller, 32 S., 37 Farbfotos, mit Vorlagebogen in Originalgröße, kart. ●

Serti Designo
Seidenmalerei mit Kreidestiften
(**5208**-1) Von S. Tichy-Gibley, 32 S., 46 Farbfotos, mit Vorlagebogen in Originalgröße, kart. ●

Seidenmalerei Lampenschirme
(**5154**-9) Von I. Walter-Ammon, 32 S., 47 Farbfotos, 1 Zeichnung, mit Vorlagebogen in Originalgröße, kart. ●

Seidenmalerei Blüten, Blätter, Ranken
(**5165**-4) Von D. Kosik, 32 S., 35 Farbfotos, 4 Zeichnungen, mit Vorlagebogen in Originalgröße, kart. ●

Seidenmalerei Schmuckkarten und Miniaturbilder
(**5166**-2) Von I. Walter-Ammon, 32 S., 37 Farbfotos, 2 Zeichnungen, mit Vorlagebogen in Originalgröße, kart. ●

Seidenmalerei Bilder in Konturentechnik
(**5182**-4) Von I. Demharter, 32 S., 28 Farbfotos, 2 Zeichnungen, mit Vorlagebogen in Originalgröße, kart. ●

Seidenmalerei Applikationen
(**5224**-3) Von J. Bressau, 32 S., 50 Farbfotos, mit Vorlagebogen in Originalgröße, kartoniert. ●

Falken-Handbuch
Häkeln
ABC der Häkeltechniken und Häkelmuster in ausführlichen Schritt-für-Schritt-Bildfolgen
(**4194**-2) Von H. Fuchs, M. Natter, 288 S., 597 Farbfotos, 476 Farbzeichnungen, Pappband. ●●●●

Das moderne Standardwerk von der Expertin
Perfekt Stricken
Mit Sonderteil Häkeln.
(**4250**-7) Von H. Jaacks, 256 S., 703 Farbfotos, 169 Farb- und 121 s/w-Zeichnungen, Pappband. ●●●

Hobby Patchwork und Quilten
(**0768**-X) Von B. Staub-Wachsmuth, 80 S., 108 Farbabb., kartoniert. ●●

Hobby Spitzencollagen
Bezaubernde Motive aus edlem Material
(**0847**-3) Von H. Westphal, 80 S., 186 Farbfotos, kart. ●●

Marionetten
selbst bauen und führen
(**1043**-5) Von D. Köhnen, 80 S., 150 Farbfotos, mit Schnittmusterbogen, kartoniert. ●●

Charakterpuppen
aus Cernit und Porzellan selbst gestalten
(**1156**-3) Von S. Becker, 64 S., 143 Farbfotos, 30 Zeichnungen, 13 Vignetten, mit Schnittmusterbogen, kartoniert. ●●

Puppen zum Liebhaben
(**5199**-9) Von B. Wehrle, 32 S., 27 Farbfotos, 9 s/w-Zeichnungen, mit Vorlagebogen in Originalgröße, kartoniert. ●

Teddybären
Sechs beliebte Modelle
(**5159**-X) Von Y. Thalheim, H. Nadolny, 32 S., 46 Farbfotos, 9 Zeichnungen, mit Vorlagebogen in Originalgröße, kartoniert. ●

Heißgeliebte Teddybären
Selbermachen · Sammeln · Restaurieren.
(**0900**-3) Von H. Nadolny, Y. Thalheim, 00 S., 119 Farbfotos, 23 s/w-Zeichnungen, 14 S. Schnittmusterbogen, kart. ●●

Neue zauberhafte Salzteig-Ideen
(**0719**-1) Von I. Kiskalt, 80 S., 324 Farbfotos, 12 Zeichnungen, Schablonen, kart. ●●

Salzteig kinderleicht
(**0973**-9) Von I. Kiskalt, 80 S., 224 Farbfotos, 2 Zeichnungen, kart. ●●

Kreatives Gestalten mit Ton
Töpfern ohne Scheibe – Aufbaukeramik
(**0896**-1) Von A. Riediger, 80 S., 207 Farbfotos, 16 Zeichnungen, 7 Vignetten, kart. ●●

Kreatives Gestalten mit Ton
Töpfern auf der Scheibe
(**0971**-2) Von A. Riedinger, 80 S., 28 Farb- und 3 s/w-Zeichnungen, 178 Farbfotos, kartoniert. ●●

Edles Porzellan
(**4437**-2) Von M. Lutze, Prof. E. Lessing, 160 S., 175 Farbfotos, Leineneinband, mit Schutzumschlag, im Schuber ●●●●●

Hobby Glaskunst in Tiffany-Technik
(**0781**-7) Von N. Köppel, 80 S., 194 Farbfotos, 6 s/w-Abb., kart. ●●

Tiffany-Lampen selbermachen
Arbeitsanleitung · Materialien · Modelle
(**0684**-5) Von I. Spliethoff, 32 S., 60 Farbfotos, 19 Zeichnungen, Pappband. ●

Fensterbilder in Tiffany-Technik
(**5168**-9) Von P. Matz, 32 S., 43 Farbfotos, mit Vorlagebogen in Originalgröße, kart. ●

Tiffany-Technik
und andere kunstvolle Arbeiten in Glas
(**0972**-0) Von D. Köhnen, 80 S., 176 Farbfotos, 5 s/w-Zeichnungen, kart. ●●

Tiffany-Gürtelschnallen
(**5160**-3) Von G. G. Scheib, R. Grella, 32 S., 52 Farbfotos, 1 Zeichnung, mit Vorlagebogen in Originalgröße, kartoniert. ●

Modeschmuck mit Federn und Straß
(**5167**-0) Von J. Niemeier, 32 S., 41 Farbfotos, mit Vorlagebogen in Originalgröße, kart. ●

Modeschmuck selbst modellieren
(**5196**-4) Von K. Eichler, 32 S., 51 Farbfotos, mit Vorlagebogen in Originalgröße, kartoniert. ●

Modeschmuck in vielen Variationen
(**5180**-8) Von A. Hahn, 32 S., 39 Farbfotos, 3 Zeichnungen, mit Vorlagebogen in Originalgröße, kartoniert. ●

Effekt-Color
Phantasievolle Schmuck- und Deko-Ideen
(**5207**-3) Von A. Hahn, 32 S., 55 Farbfotos, mit Vorlagebogen in Originalgröße, kart. ●

Rocailles
Perlenschmuck
(**5209**-X) Von L. und E. Weiler, 32 S., 45 Farbfotos, 2 Zeichnungen, mit Vorlagebogen in Originalgröße, kart. ●

Perlenschmuck
(**5221**-9) Von H. Büderer, 32 S., 50 Farbfotos, mit Vorlagebogen in Originalgröße, kartoniert. ●

Exklusiver Modeschmuck
aus dem eigenen Atelier
(**0925**-9) Von J. Niemeier, J. Klein, 80 S., 141 Farbfotos, 22 Zeichnungen, kart. ●●

Masken
phantasievoll dekorieren
(**5155**-7) Von Chr. Familler, 32 S., 48 Farbfotos, mit Vorlagebogen in Originalgröße, kart. ●

Schwingtiere aus Holz gestalten
(**5222**-7) Von der Arbeitsgem. Werken, 32 S., 50 Farbfotos, mit Vorlagebogen in Originalgröße, kartoniert. ●

Hobby Drachen
bauen und steigen lassen. (**0767**-1) Von W. Schimmelpfennig, 80 S., 1 dreiseitige Ausklapptafel, 55 Farbfotos, 139 Zeichnungen, kart. ●●

Lenkdrachen
bauen und fliegen
(**1011**-7) Von W. Schimmelpfennig, 64 S., 51 Farbfotos und 126 Zeichnungen, kartoniert. ●●

Drachen
Einfache Modelle für Kinder
(**5156**-5) Von W. Schimmelpfennig, 32 S., 11 Farbfotos, 31 Zeichnungen, mit Vorlagebogen in Originalgröße, kart. ●

Das große farbige Bastelbuch für Kinder
(**4254**-X) Von U. Barff, I. Burkhardt, J. Maier, 224 S., 157 Farbfotos, 430 Farb- und 60 s/w-Zeichnungen, mit Schnittmusterbogen, Pappband. ●●

Hobby Origami
Papierfalten für groß und klein
(**0756**-6) Von Z. Aytüre-Scheele, 80 S., 820 Farbfotos, kart. ●●

Neue zauberhafte Origami-Ideen
Papierfalten für groß und klein
(**0805**-8) Von Z. Aytüre-Scheele, 80 S., 720 Farbfotos, kart. ●●

Zauberwelt Origami
Tierfiguren aus Papier
(**1045**-1) Von Z. Aytüre-Scheele, 80 S., 660 Farbfotos, kartoniert. ●●

Pergamano
Pergamentpapier filigran gestalten
(**5202**-2) Von J. Allmann, 32 S., 51 Farbfotos, 5 Zeichnungen, mit Vorlagebogen in Originalgröße, kart. ●

Heut basteln wir mit Pappe und Papier
(**4413**-5) Von U. Barff, J. Maier, 224 S., 117 Farbfotos, 480 Farbzeichn., 25 s/w-Abb., mit Schnittmusterbogen, Pappband. ●●●

Das große farbige Bastel- und Werkbuch
(**4439**-9) Von D. Rex, 256 S., 999 Farbfotos, 33 Farbzeichnungen, Pappband. ●●●●

Mein liebstes Spiel- und Bastelbuch
Die Welt der Dinosaurier
Tiere und Landschaften zum Selbermachen
Ausbrechen, ausstellen, spielen
(**4478**-X) Von B. Burkart, 8 Blatt mit herauslösbaren Motiven, 280-g-Karton mit Stanzung, 8 S. Bastelanleitung und Sachinformation. ●●

Mein liebstes Spiel- und Bastelbuch
Leben auf dem Bauernhof
Tiere und Motive zum Selbermachen
Ausbrechen, ausstellen, spielen
(**4479**-8) Von K. Lausche, 8 Blatt mit herauslösbaren Motiven, 280-g-Karton mit Stanzung, 8 S. Bastelanleitung und Sachinformation. ●●

Schritt für Schritt zum Scherenschnitt
Materialien · Techniken · Gestaltungsvorschläge. (**0732**-9) Von H. W. Klingmüller, 32 S., 38 Farbfotos, 34 Vorlagen, Pappband. ●

Fensterbilder in Scherenschnitt
(**5169**-9) Von A. Hahn, 32 S., 52 Farbfotos, 3 s/w-Fotos, mit Vorlagebogen in Originalgröße, kart. ●

Fensterbilder
Meine Lieblingstiere
(**5197**-2) Von Y. Thalheim, H. Nadolny, 32 S., 38 Farbfotos, mit Vorlagebogen in Originalgröße, kart. ●

Fensterbilder Lustige Tiere
(**5210**-3) Von F. Michalski, 32 S., 47 Farbfotos, mit Vorlagebogen in Originalgröße, kart. ●

Die schönsten Fensterbilder
(**1066**-6) Von C. Kimmerle, 64 S., 100 Farbfotos, 7 Zeichnungen, kartoniert. ●●

Perfekte Fensterbilder
(**4470**-4) Von S. Haenitsch-Weiß, A. Weiß, 8 vierfarbige Bogen 280-g-Karton mit Stanzung + 16 S. zweifarbige Ein/Anleitung. ●●

Märchenhafte Fensterbilder
(**5185**-9) Von J. Maier, 32 S., 37 Farbfotos, mit Vorlagebogen in Originalgröße, kart. ●

Fensterbilder Blumen und Tiere
(**5186**-7) Von M. Twachtmann, 32 S., 41 Farbfotos, 3 Zeichnungen, mit Vorlagebogen in Originalgröße, kart. ●

Papierflieger
(**5157**-3) Von T. Gött, 32 S., 73 Farbfotos, 19 Zeichnungen, mit Vorlagebogen in Originalgröße, kart. ●

Laternen und Lampions
(**5206**-5) Von C. Hüfner, 32 S., 60 Farbfotos, mit Vorlagebogen in Originalgröße, kart. ●

Mobiles aus Papier
(**5183**-2) Von J. Maier, 32 S., 17 Farbfotos, 35 Farbzeichnungen, mit Vorlagebogen in Originalgröße, kartoniert. ●

Schachteln basteln und dekorieren
(**5170**-0) Von Chr. Adjano, 32 S., 55 Farbfotos, mit Vorlagebogen in Originalgröße, kart. ●

Die große Schachtelparade
(**4438**-0) Von Present Team, 16 vierfarbige Bogen 250-g-Karton mit Schachtelstanzung mit 4 S. Einleitung. ●●●

Deco Art
Die Kunst, Geschenke zu verpacken
(**0949**-6) Von B. Niermann, 80 S., 78 Farbfotos, 191 Zeichnungen, kart. ●●

Geschenke wunderschön verpacken
(**1113**-X) Von P. Jansen, 80 S., 79 Farbfotos, 166 Farbzeichnungen, kart. ●●

Geldgeschenke · Gutscheine · Geschenkanhänger
originell gestalten und verpacken
(**1115**-6) Von S. Haenitsch-Weiß, A. Weiß, 80 S., 176 Farbfotos, kart. ●●

Geschenke verpacken für Kinderfeste
(**5195**-6) Von C. Netolitzky, 32 S., 43 Farbfotos, mit Vorlagebogen in Originalgröße, kartoniert. ●

Bunte Dekorationen für den Kindergeburtstag
Mit Spielanleitungen zum Fest der Tiere
(**4471**-2) Von S. Haenitsch-Weiß, A. Weiß, 2 vierfarbige Bogen 280-g-Karton mit Stanzung + 16 S. zweifarbige Ein/Anleitung. ●●

Originelles Ambiente für Gäste
Festdekorationen
(**1049**-4) Von B. Niermann, 80 S., 125 Farbfotos, 59 Farbzeichn., kartoniert. ●●

Dekorative Schleifen
aus Bändern und Papier
(**5205**-7) Von M. Schorege, 32 S., 28 Farbfotos, 31 Farbzeichnungen, mit Vorlagebogen in Originalgröße, kart. ●●

Dekorieren und Arrangieren mit Seidenblumen
(**5200**-6) Von M. L. Spang, 32 S., 37 Farbfotos, 14 Farbzeichnungen, mit Vorlagebogen in Originalgröße, kartoniert. ●

Glückwunschkarten
(**5179**-4) Von A. Kolb, B. Michel, 32 S., 54 Farbfotos, mit Vorlagebogen in Originalgröße, kartoniert. ●

Schmuck- und Glückwunschkarten
Papierarchitektur · Collagen · Faltschnittkarten
(**1114**-8) Von C. Sanladerer, 64 S., 55 Farbfotos, 31 Zeichnungen, kart. ●●

Altes Brauchtum neu entdeckt
Schmuck-Eier
Kunstvoll gestalten und verzieren.
(**0919**-4) Von I. Kiskalt, 32 S., 45 Farbfotos, 3 s/w-Zeichnungen, Pappband. ●

Ostereier originell dekorieren
(**5219**-7) Von W. Velte, 32 S., 44 Farbfotos, mit Vorlagebogen in Originalgröße, kartoniert. ●

Dekorationen für Ostern
(**5198**-0) Von Y. Thalheim, H. Nadolny, 32 S., 48 Farbfotos, mit Vorlagebogen in Originalgröße, kartoniert. ●

Basteln für Ostern
(**5164**-6) Von Chr. Adjano, 32 S., 47 Farbfotos, mit Vorlagebogen in Originalgröße, kartoniert. ●

Tischdekorationen für Ostern
(**5220**-0) Von Chr. Adjano, 32 S., 49 Farbfotos, mit Vorlagebogen in Originalgröße, kartoniert. ●

Weihnachtsgeschenke schön verpacken
Schachteln · Dekorationen · Geschenkpapiere
(**4469**-0) Von Present Team, 10 vierfarbige Bogen 250-g-Karton mit Stanzung, 4 Bogen Geschenkpapier + 4 S. Einleitung. ●●●
Basteln und dekorieren für
Advent und Weihnachten
(**4446**-1) Von G. Teusen, C. Netolitzky, 176 S., 285 Farbfotos, mit Bastelvorlagebogen, Pappband. ●●●
Basteln für Weihnachten
(**5162**-X) Von Chr. Adjano, 32 S., 44 Farbfotos, mit Vorlagebogen in Originalgröße, kartoniert. ●
Fensterdekorationen für die Weihnachtszeit
(**5181**-6) Von Y. Thalheim, H. Nadolny, 32 S., 33 Farbfotos, mit Vorlagebogen in Originalgröße, kartoniert. ●
Fensterbilder für Advent und Weihnachten
(**5211**-1) Von M. Schorege, 32 S., 24 Farbfotos, 15 Zeichnungen, mit Vorlagebogen in Originalgröße, kartoniert. ●
Adventskränze und weihnachtliche Gestecke
(**5203**-0) Von Y. Thalheim, H. Nadolny, 32 S., 43 Farbfotos, mit Vorlagebogen in Originalgröße, kartoniert. ●
Adventskalender
(**5178**-6) Von Y. Thalheim, H. Nadolny, 32 S., 35 Farbfotos, mit Vorlagebogen in Originalgröße, kartoniert. ●
Weihnachtsbasteleien
Advents- und Weihnachtsschmuck für groß und klein
(**0667**-5) Von M. Kühnle und S. Beck, 32 S., 56 Farbfotos, 6 Zeichnungen, Pappband. ●
Trockenblumenideen
Gewürzsträuße, Gestecke, Kränze, Buketts
(**0643**-8) Von R. Strobel-Schulze, 88 S., 170 Farbfotos, kartoniert. ●●
Neue zauberhafte Trockenblumen-Ideen
(**0821**-X) Von R. Strobel-Schulze, 80 S., 163 Farbfotos, kartoniert. ●●
Phantasievolles Schminken
Verzauberte Gesichter für Maskeraden, Laienspiele und Kinderfeste
(**0907**-0) Hrsg.: H. u. Y. Nadolny, 64 S., 227 Farbfotos, kartoniert. ●●
Schminken für Kinder
(**5177**-8) Von Y. Thalheim, H. Nadolny, 32 S., 68 Farbfotos, mit Vorlagebogen in Originalgröße, kartoniert. ●
Moderne Fotopraxis
(**4401**-1) Von G. Koshofer, Prof. H. Wedewardt, 224 S., 363 Farbfotos, 106 s/w-Fotos, 5 Farb- und 24 s/w-Zeichnungen, Pappband. ●●●
Mach dir ein Bild
Praxistips für Foto, Film und Video
(**4410**-0) Von G. Staab, 208 S., 202 Farbfotos, 175 s/w-Fotos, 1 Zeichnung, Pappband. ●●●
So macht man bessere Fotos
(**1158**-X) Von G. Koshofer, 144 S., 259 Farbfotos, 25 s/w-Fotos, kartoniert. ●●
Aktfotografie
Interpretationen zu einem unerschöpflichen Thema. Gestaltung · Technik · Spezialeffekte.
(**0737**-X) Von H. Wedewardt, 88 S., 144 Farb- und 6 s/w-Fotos, 6 Zeichnungen, kart. ●●
Videografieren
Filmen mit Video 8. Technik – Bildgestaltung – Schnitt – Vertonung.
(**0843**-0) Von M. Wild, K. Möller, 120 S., 101 Farbfotos, 22 s/w-Fotos, 52 Zeichnungen, kart. ●●●

Videografieren perfekt
Profitricks für Aufnahmetechnik und Nachbearbeitung
(**0969**-0) Von W. Schild, 120 S., 144 Farbabb., 5 s/w-Zeichnungen, kart. ●●●

Do it yourself und Technik

Do it yourself
Kleinmöbel aus Holz
(**0905**-4) Von O. Maier, 128 S., 210 Farbfotos, 80 Zeichnungen, kart. ●●
Do it yourself
Sanitärinstallationen
(**1118**-0) Von W. Kawlath, 96 S., 214 Farbabbildungen, kartoniert. ●●
Do it yourself
Metall bearbeiten
(**1119**-9) Von O. Maier, 96 S., 230 Farbfotos, 6 s/w-Zeichnungen, kartoniert. ●●
Do it yourself
Elektroarbeiten
(**0975**-5) Von K. H. Schubert, 120 S., 193 Farbfotos, 40 Zeichnungen, kartoniert. ●●
Do it yourself
Fahrrad-Reparaturen
(**0796**-5) Von R. van der Plas, 112 S., 140 Farbfotos, 113 farbige Zeichnungen, kartoniert. ●●
Möbel
aufarbeiten, reparieren, pflegen
(**0386**-2) Von E. Schnaus-Lorey, 96 S., 28 Fotos, 101 Zeichnungen, kartoniert. ●
Restaurieren von Möbeln
Stilkunde, Materialien, Techniken, Arbeitsanleitungen in Bildfolgen.
(**4120**-9) Von E. Schnaus-Lorey, 152 S., 37 Farbfotos, 75 s/w-Fotos, 352 Zeichnungen, Pappband. ●●●
FALKEN-Heimwerker-Praxis
Mofa- und Moped-Reparaturen
(**1008**-7) Von T. Kohlmey, 128 S., 280 Farbabbildg. und Zeichnungen, kartoniert. ●●
Elektronik als Hobby
Von der Grundlagenschaltung zum integrierten Schaltkreis
Mit 8 wichtigen Universalplatinen
(**4293**-0) Von W. Priesterath, 264 S., 80 s/w-Fotos, 128 Zeichnungen, Pappband. ●●●
Anlagenbau in Modultechnik
für Modelleisenbahnen und Dioramen.
(**0845**-7) Von J. Thal, 104 S., 68 Farbfotos, 28 Zeichnungen, kartoniert. ●●
Kleine Welt auf Rädern
Das faszinierende Spiel mit **Modelleisenbahnen** (**4175**-6) Von F. Eisen, 256 S., 72 Farb- und 180 s/w-Fotos, 25 Zeichnungen, Pappband. ●●●
Die Super-Sportwagen der Welt
(**4423**-2) Von H. G. Isenberg, 194 S., 184 Farbfotos, 4 farbige Ausklapptafeln, 32 s/w-Fotos, Pappband. ●●●●
Die Super-Oldtimer der Welt
(**4465**-8) Von H. G. Isenberg, 194 S., 161 Farb- und 36 s/w-Fotos, 4 Ausklapptafeln, Pappband. ●●●●
Die Super-Trucks der Welt
(**4257**-0) Von H. G. Isenberg, 194 S., 205 Farbfotos, 87 s/w-Fotos, 7 Farbzeichnungen, 4 farb. Ausklapptafeln, Pappband. ●●●●
Die Super-Motorräder der Welt
(**4193**-4) Von H. G. Isenberg, 192 S., 170 Farb- und 100 s/w-Fotos, 8 Ausklapptafeln, Pappband. ●●●●

Die Super-Eisenbahnen der Welt
(**4287**-6) Von W. Kosak, H. G. Isenberg, 224 S., 269 Farbfotos, 79 s/w-Fotos, 8 Vignetten, 5 farb. Ausklapptafeln, Pappband. ●●●●
Die Super-Dampfloks der Welt
(**4480**-1) Von H. Faust, H. G. Isenberg, 194 S., 193 Farbfotos, mit vier Ausklapptafeln, Pappband. ●●●●
Plastikmodellbau
Autos, Schiffe, Flugzeuge in vollendeter Technik.
(**1116**-4) Von W. Kawlath, 96 S., 272 Farbabbildungen, kartoniert. ●●

Sport und Fitneß

Neue Lehrmethoden der Judo-Praxis
(**0424**-9) Von P. Herrmann, 223 S., 475 Abb., kartoniert. ●●
Fit mit Judo
(**2319**-7) Von K. Fuchs, 112 S., 193 Farbfotos, kartoniert. ●●
Fußwürfe
für Judo, Karate und Selbstverteidigung.
(**0439**-7) Von H. Nishioka, übers. von H. J. Heese, 96 S., 260 Abb., kart. ●●
Modernes Karate
Das große Standardwerk mit 2279 Abbildungen.
(**4280**-9) Von T. Okazaki, Dr. med. M.V. Stricevic, übers. von M. Pabst, 376 S., 2279 s/w-Abb., Pappband. ●●●●●
Nakayamas Karate perfekt 1
Einführung.
(**0487**-7) Von M. Nakayama, 136 S., 605 s/w-Fotos, kart. ●●
Nakayamas Karate perfekt 2
Grundtechniken.
(**0512**-1) Von M. Nakayama, 136 S., 354 s/w-Fotos, 53 Zeichnungen, kart. ●●
Nakayamas Karate perfekt 3
Kumite 1: Kampfübungen.
(**0538**-5) Von M. Nakayama, 128 S., 424 s/w-Fotos, kart. ●●
Nakayamas Karate perfekt 4
Kumite 2: Kampfübungen.
(**0547**-4) Von M. Nakayama, 128 S., 394 s/w-Fotos, kart. ●●
Nakayamas Karate perfekt 5
Kata 1: Heian, Tekki.
(**0571**-7) Von M. Nakayama, 144 S., 1229 s/w-Fotos, kart. ●●
Nakayamas Karate perfekt 6
Kata 2: Bassai-Dai, Kanku-Dai.
(**0600**-4) Von M. Nakayama, 144 S., 1300 s/w-Fotos, 107 Zeichnungen, kart. ●●
Nakayamas Karate perfekt 7
Kata 3: Jitte, Hangetsu, Empi.
(**0618**-7) Von M. Nakayama, 144 S., 1988 s/w-Fotos, 105 Zeichnungen, kart. ●●
Nakayamas Karate perfekt 8
Gankaku, Jion. (**0650**-0) Von M. Nakayama, 144 S., 1174 s/w-Fotos, 99 Zeichnungen, kart. ●●
Fit mit Karate
(**2308**-1) Von A. Pflüger, 96 S., 134 Farbfotos, 4 s/w-Zeichnungen, kart. ●●
25 Shotokan-Katas
Auf einen Blick: Karate-Katas für Prüfungen und Wettkämpfe.
(**0859**-5) Von A. Pflüger, 88 S., 185 s/w-Abb., 24 ganzseitige Tafeln mit über 1.600 Einzelschritten, kart. ●●
Bo-Karate
Habo-Jitsu – die Techniken des Stockkampfes.
(**0447**-8) Von G. Stiebler, 176 S., 424 s/w-Fotos, 38 Zeichnungen, kart. ●●

Karate 1
Einführung · Grundtechniken.
(**0227**-0) Von A. Pflüger, 144 S., 195 s/w-Fotos, 120 Zeichnungen, kart. ●

Karate 2
Kombinationstechniken · Katas.
(**0239**-4) Von A. Pflüger, 176 S., 452 s/w-Fotos und Zeichnungen, kart. ●

Karate Kata 1
Heian 1–5, Tekki 1, Bassai Dai.
(**0683**-7) Von W.-D. Wichmann, 164 S., 703 s/w-Fotos, kart. ●●

Karate Kata 2
Jion, Empi, Kanku-Dai, Hangetsu.
(**0723**-X) Von W.-D. Wichmann, 140 S., 661 s/w-Fotos, 4 Zeichnungen, kart. ●●

Karate Kata 3
Bassai Sho, Kanku Sho, Nijushiho, Sochin
(**1120**-2) Von W.-D. Wichmann, 144 S., 598 s/w-Fotos, 4 Grafiken, kart. ●●

Der König des Kung Fu
Bruce Lee
Sein Leben und Kampf
Von seiner Frau Linda
(**0392**-7) Von Linda Lee, 136 S., 104 s/w-Fotos, kartoniert. ●●

Bruce Lees Kampfstil 1
Grundtechniken.
(**0473**-7) Von B. Lee, M. Uyehara, 109 S., 220 Abb., kart. ●

Bruce Lees Kampfstil 2
Selbstverteidigungs-Techniken.
(**0486**-9) Von B. Lee, M. Uyehara, 128 S., 310 Abb., kart. ●

Bruce Lees Kampfstil 3
Trainingslehre.
(**0503**-2) Von B. Lee, M. Uyehara, 112 S., 246 Abb., kart. ●

Bruce Lees Kampfstil 4
Kampftechniken.
(**0523**-7) Von B. Lee, M. Uyehara, 104 S., 211 Abb., kart. ●

Kung-Fu 1
Legende · Philosophie · Grundtechniken
(**0891**-0) Von Chr. Yim, 152 S., 401 s/w-Fotos, 2 s/w-Zeichnungen, kart. ●●

Kung-Fu und Tai-Chi
Grundlagen und Bewegungsabläufe
(**0367**-6) Von B. Tegner, 182 S., 370 s/w-Fotos, kart. ●●

Kung Fu
Theorie und Praxis klassischer und moderner Stile
(**0376**-5) Von M. Pabst, 160 S., 330 Abbildungen, kartoniert. ●

Bruce Lees Jeet Kune Do
(**0440**-0) Von B. Lee, 192 S., mit 105 eigenhändigen Zeichnungen von B. Lee, kart. ●●

Shaolin-Kempo – Kung-Fu
Chinesisches Karate im Drachenstil.
(**0395**-1) Von R. Czerni, K. Konrad, 246 S., 723 Abb., kart. ●●

Kickboxen
Fitneßtraining und Wettkampfsport.
(**0795**-7) Von G. Lemmens, 96 S., 208 s/w-Fotos, 23 Zeichnungen, kart. ●●

Ninja 1
Die Lehre der Schattenkämpfer.
(**0758**-2) Von S. K. Hayes, übers. von J. Schmit, 144 S., 137 s/w-Fotos, kart. ●●

Ninja 2
Die Wege zum Shoshin.
(**0763**-9) Von S. K. Hayes, übers. von J. Schmit, 160 S., 309 s/w-Fotos, 2 Zeichnungen, kart. ●●

Ninja 3
Der Pfad des Togakure-Kämpfers.
(**0764**-7) Von S. K. Hayes, übers. von J. Schmit, 144 S., 197 s/w-Fotos, 2 Zeichnungen, kart. ●●

Ninja 4
Das Vermächtnis der Schattenkämpfer.
(**0807**-4) Von S. K. Hayes, übers. von J. Schmit, 196 S., 466 s/w-Fotos, kart. ●●

Taekwondo perfekt 1
Die Formenschule bis zum Blaugurt.
(**0890**-2) Von K. Gil, Kim Chul-Hwan, 176 S., 439 s/w-Fotos, 107 Zeichnungen, kart. ●●

Taekwondo perfekt 2
Die Formenschule vom Blau- bis zum Schwarzgurt
(**0976**-3) Von K. Gil, K. Chul-Hwan, 192 S., 461 s/w-Fotos, 112 Zeichnungen, kart. ●●

Taekwondo perfekt 3
(**1068**-0) Von K. Gil, K. Chul-Hwan, 200 S., 429 s/w-Fotos, kartoniert. ●●

Taekwondo
Koreanischer Kampfsport
(**0347**-1) Von K. Gil, 152 S., 408 Abbildungen, kartoniert. ●●

Ju-Jutsu als Wettkampf
(**0826**-0) Von G. Kulot, 168 S., 418 s/w-Fotos, 2 Zeichnungen, kart. ●●

Ju-Jutsu 1
Grundtechniken · Moderne Selbstverteidigung.
(**0276**-9) Von W. Heim, F. J. Gresch, 164 S., 450 s/w-Fotos, 8 Zeichn., kart. ●

Ju-Jutsu 2
für Fortgeschrittene und Meister.
(**0378**-1) Von W. Heim, F. J. Gresch, 160 S., 798 s/w-Fotos, kart. ●

Ju-Jutsu 3
Spezial-, Gegen- und Weiterführungs-Techniken · Stockkampfkunst.
(**0485**-0) Von W. Heim, F. J. Gresch, 200 S., über 600 s/w-Fotos, kart. ●●

Aikido
Lehren und Techniken des harmonischen Weges.
(**0537**-7) Von R. Brand, 280 S., 697 Abb., kart. ●●

Hap Ki Do
Koreanische Selbstverteidigung nach dem Lehrsystem des Großmeisters.
(**0379**-X) Von Kim Sou Bong, 112 S., 152 Abb., kart. ●●

Dynamische Tritte
Grundlagen für den Zweikampf. (**0438**-9) Von C. Lee, 96 S., 398 s/w-Fotos, 10 Zeichnungen, kart. ●●

Selbstverteidigung
Abwehrtechniken für Sie und Ihn.
(**0853**-8) Von E. Deser, 96 S., 259 s/w-Fotos, kart. ●

Die Faszination athletischer Körper
Bodybuilding
mit Weltmeister Ralf Möller.
(**4281**-7) Von R. Möller, 128 S., 169 Farbfotos, 14 s/w-Fotos, 1 Farbzeichnung, Pappband. ●●●●

Ladyfitneß
Das neue Körperbewußtsein der Frau
Bodyshaping · Körperpflege · Ernährung · Entspannung
(**4433**-X) Von Prof. Dr. S. Starischka, B. Grabis, Dr. von Cramm, G. W. Kienitz, 128 S., 227 Fotos, Pappband. ●●●

Bodybuilding für Frauen
Wege zu Ihrer Idealfigur
(**0661**-0) Von H. Schulz, 112 S., 84 s/w-Fotos, 4 Zeichnungen, kart. ●

Fit mit Bodybuilding
(**2314**-6) Von L. Spitz, 112 S., 203 Farbabbildungen, 10 Tabellen, kart. ●●

Bodybuilding
Anleitung zum Muskel- und Konditionstraining für sich und ihn
(**0604**-7) Von R. Smolana, 160 S., 171 s/w-Fotos, kartoniert. ●●

Leistungsfähiger durch Krafttraining
Eine Anleitung für Fitness-Sportler, Trainer und Athleten.
(**0617**-9) Von W. Kieser, 96 S., 20 s/w-Fotos. 62 Zeichnungen, kart. ●

Hanteltraining zu Hause
(**0800**-7) Von W. Kieser, 80 S., 71 s/w-Fotos, 4 Zeichnungen, kartoniert. ●

Fit und gesund
Fitneßtraining und Bodybuilding zu Hause. Trainingsprogramme für Ihr Wohlbefinden.
(**0782**-5) Von Prof. Dr. S. Starischka, 80 S., 100 Farbfotos, 3 Zeichnungen, kart. ●●

Optimale Ernährung
für Krafttraining und Bodybuilding.
(**0912**-7) Von B. Dahmen, 88 S., 8 Farbtafeln, 8 Zeichnungen, kart. ●

Fit mit Bio-Training
für Kraft, Ausdauer und Schnelligkeit.
(**2310**-3) Von L. Spitz, 112 S., 197 Farbfotos, 11 Farb- und 4 s/w-Zeichnungen, kart. ●●

Gesund und fit durch **Konditionstraining und Wirbelsäulengymnastik**
(**0844**-9) Von R. Milser und K. Grafe, 104 S., 99 Farbfotos, 12 Farbzeichnungen, 5 s/w-Zeichnungen, kart. ●●

Fit mit Tai Chi
als sanfte Körpererfahrung
(**2305**-7) Von B. u. K. Moegling, 112 S., 121 Farbfotos, 6 Farb- u. 4 s/w-Zeichnungen, kart. ●●

Isometrisches Training
Übungen für Muskelkraft und Entspannung.
(**0529**-6) Von L. M. Kirsch, 104 S., 150 s/w-Fotos, kart. ●●

Stretching
Mit Dehnungsgymnastik zu Entspannung, Geschmeidigkeit und Wohlbefinden.
(**0717**-5) Von H. Schulz, 80 S., 90 s/w-Fotos, kart. ●

Fit mit Stretching
(**2304**-9) Von B. Kurz, 96 S., 255 Farbfotos, kart. ●●

Gesund und fit durch Gymnastik
(**0366**-8) Von H. Pilss-Samek, 88 S., 130 Abb., kart. ●●

Fit und frisch
Gymnastik für die ganze Familie
(**6501**-9) Von G. Sieber, 104 S., 306 Farbfotos, 5 Farbzeichnungen, kart., mit Audiokassette, Laufzeit 30 Min. ●●●

Fit mit Laufen
(**2315**-4) Von W. Sonntag, 96 S., 60 Farbfotos, 8 Farbzeichnungen, kart. ●●

Spaß am Laufen
Jogging für die Gesundheit
(**0470**-2) Von W. Sonntag, 140 S., 41 s/w-Fotos, 1 Zeichnung, kart. ●

ZDF Sportjahrbuch 90
Rekorde · Siege · Schicksale · Ergebnisse
Die Höhepunkte der Fußball-WM
(**4481**-X) Hrsg. von Bernd Heller, 208 S., 245 Farbfotos und Tabellen, kart. ●●●

Skateboard
Material · Technik · Fahrpraxis
(**1104**-0) Von F. Böhm, M. Rieger, 96 S., 321 Farbabbildungen, kartoniert. ●●●

Fit mit Sportschießen
(**2312**-X) Von H. Gabelmann, 96 S., 44 Farbabbildungen, 3 s/w-Fotos, 19 s/w-Zeichnungen, kart. ●●

Fechten
Florett · Degen · Säbel.
(**0449**-4) Von E. Beck, 88 S., 185 Fotos, 10 Zeichnungen, kart. ●●

Fit mit Sportabzeichen
(**2307**-3) Von G. Hennige, 104 S., 107 Farbfotos, kart. ●●

Volleyball
Technik · Taktik · Regeln.
(0351-X) Von H. Huhle. 104 S., 330 Abb., kart. ●

Fit mit Volleyball
(2302-2) Von Dr. A. Scherer, 104 S., 27 Farb- und 1 s/w-Foto, 12 Farb- und 29 s/w-Zeichnungen, kart. ●●

Fit mit Fußball
(2309-X) Von H. Obermann, P. Walz, 112 S., 47 Farbfotos, 18 Farb- und 25 s/w-Zeichnungen, kart. ●●

Sepp Maier Super-Torwart-Training
(4451-8) Von S. Maier, 168 S., 30 Farb- und 34 s/w-Fotos, 236 zweifarbige Zeichnungen, Pappband. ●●●

Fußball-Jahrbuch 90
Mit großem Sonderteil Fußball-WM
(4489-5) Hrsg. von H. Faßbender, 208 S., 310 Farbfotos und Tabellen, kart. ●●●

SportRegeln Fußball
Die offiziellen Regeln
Wissenswertes von A bis Z
(1096-6) 104 S., 36 s/w-Fotos, 27 Zeichnungen, kart. ●

Handball
Technik · Taktik · Regeln.
(0426-5) Von F. und P. Hattig, 128 S., 91 s/w-Fotos, 121 Zeichnungen, kart. ●●

Handball
Grundlagen für Training und Spiel
(2321-9) Von H.-P. Oppermann, 120 S., 39 Farbtafeln, 12 s/w-Fotos, 108 Farbzeichnungen, kartoniert. ●●

SportRegeln Handball
Die offiziellen Regeln
Wissenswertes von A bis Z
(1099-6) 88 S., 32 s/w-Fotos, 14 Zeichnungen, kart. ●

Tennis
Technik · Taktik · Regeln.
(0375-7) Von W. u. S. Taferner, 112 S., 81 Abb., kart. ●●

SportRegeln Tennis
Die offiziellen Regeln
Wissenswertes von A bis Z
(1097-4) 88 S., 24 s/w-Fotos, 6 Zeichnungen, kart. ●

Tischtennis-Technik
Der individuelle Weg zu erfolgreichem Spiel.
(0775-2) Von M. Perger, 144 S., 296 Abb., kart. ●●

Badminton
Technik · Taktik · Training.
(0699-3) Von K. Fuchs, L. Sologub, 168 S., 51 Abb., kart. ●●

Fit mit Squash
(2311-1) Von P. Langhammer, R. Michna, 96 S., 86 Farbfotos, 13 Farbzeichn., kart. ●●

Squash
Ausrüstung · Technik · Regeln
(0539-3) Von D. von Horn, H.-D. Stünitz, 96 S., 55 s/w-Fotos, 25 Zeichnungen, kart. ●●

SportRegeln Squash
Die offiziellen Regeln
Wissenswertes von A bis Z
(1100-8) 64 S., 11 s/w-Fotos, 23 Zeichnungen, kart. ●

Golf
Ausrüstung und Technik.
(0343-9) Von J. C. Jessop, übersetzt von H. Biemer, mit einem Vorwort von H. Krings, Präsident des Deutschen Golf-Verbandes, 96 S., 57 Abb., Anhang Golfregeln des DGV, kart ●●

Eishockey
Lauf- und Stocktechnik, Körperspiel, Taktik, Ausrüstung und Regeln. (0414-1) Von J. Capla, 264 S., 548 s/w-Fotos, 163 Zeichnungen, kart. ●●

Pool-Billard
(0484-2) Herausgegeben vom Deutschen Pool-Billard-Bund. Von M. Bach, K.-W. Kühn, 104 S., 64 Abb., kart. ●

Tanzstunde
Das Welttanzprogramm leicht gelernt
(4409-2) Von G. Hädrich, 164 S., 489 s/w-Fotos, 63 Zeichnungen, Pappband. ●●●

Tanzen
(2303-0) Von K. Richter, H. Kleinow, 96 S., 102 Farbfotos, kart. ●●

Wir lernen Tanzen
(0200-9) Von E. Fern, 152 S., 119 s/w-Fotos, 47 Zeichnungen, kartoniert. ●●

Dancing
Moderne Discotänze: mit Mambo und Salsa
(0977-1) Von B. und F. Weber, 96 S., 207 s/w-Fotos, kart. ●●

Dirty Dancing
Step by Step leicht gelernt
(0992-5) Von D. Glück, G. Teusen, 80 S., 140 Farbfotos, kart. ●●

Anmutig und fit durch Bauchtanz
(0911-9) Von Marta, 120 S., 229 Farbfotos, 6 s/w-Zeichnungen, kart. ●●

Sporttauchen
Theorie und Praxis des Gerätetauchens
(0647-0) Von S. Müßig, 144 S., 8 Farbtafeln, 35 s/w-Fotos, 89 Zeichnungen, kart. ●●

Fit mit Sporttauchen
(2320-0) Von Dr. F. Naglschmid, 112 S., 71 Farbfotos, 21 Zeichnungen, kart. ●●

Angelfischerei von Aal bis Zander
Fische · Geräte · Technik.
(0324-2) Von H. Oppel, 72 S., 16 Farbtafeln, 49 s/w-Abb., kart. ●●

Angeln
Kleine Fibel für den Sportfischer.
(0198-3) Von E. Bondick, 80 S., 4 Farbtafeln, 116 Abb., kart. ●

Fit mit Surfen
(2317-3) Von H. Mönster, K.-H. Eden, B. Bohr, 104 S., 110 Farbfotos, 23 s/w-Zeichnungen, kartoniert. ●●

TELESKI
Skigymnastik perfekt
(1037-0) Von M. Vorderwülbecke, G. Kern, 120 S., 220 Farbfotos, 16 farbige Grafiken, 19 Farbzeichnungen, kart. ●●

Fibel für Kegelfreunde
Sport- und Freizeitkegeln · Bowling
(0191-6) Von G. Bocsai, 72 S., 62 Abb., kart. ●

Fit mit Kegeln
(2301-4) Von G. Gromann, 96 S., 51 Farbfotos, 50 Farb- und 4 s/w-Zeichnungen, kart. ●●

111 spannende Kegelspiele
(2031-7) Von H. Regulski, 80 S., 53 Zeichnungen, kart. ●

Beliebte und neue Kegelspiele
(0271-8) Von H. Regulski, 92 S., 62 Abbildungen, kartoniert. ●

Schach

Einführung in das Schachspiel
(0104-5) Von W. Wollenschläger und K. Colditz, 112 S., 116 Diagramme, kart. ●

Schach, das königliche Spiel
Von den Grundzügen zum strategischen Spiel.
(1105-9) Von T. Schuster, 192 S., 302 Diagramme, kart. ●●

Spielend Schach lernen
(2002-3) Von T. Schuster, 96 S., kartoniert. ●

Kinder- und Jugendschach
Offizielles Lehrbuch des Deutschen Schachbundes zur Erringung der Bauern-, Turm- und Königsdiplome.
(0561-X) Von B. J. Withuis, H. Pfleger, 144 S., 220 Zeichnungen und Diagramme, kart. ●●

Zug um Zug Schach für Jedermann 1
Offizielles Lehrbuch des Deutschen Schachbundes zur Erringung der Bauerndiploms.
(0648-9) Von H. Pfleger, E. Kurz, 80 S., 24 s/w-Fotos, 8 Zeichn., 60 Diagramme, kart. ●

Zug um Zug Schach für Jedermann 2
Offizielles Lehrbuch des Deutschen Schachbundes zur Erringung der Turmdiploms.
(0659-4) Von H. Pfleger, E. Kurz, 128 S., 7 s/w-Fotos, 13 Zeichnungen, 78 Diagramme, kart. ●

Zug um Zug Schach für Jedermann 3
Offizielles Lehrbuch des Deutschen Schachbundes zur Erringung der Königsdiploms.
(0728-0) Von H. Pfleger, G. Treppner, 128 S., 4 s/w-Fotos, 84 Diagramme, 10 Zeichnungen, kart. ●●

Schach für Fortgeschrittene
Taktik und Probleme des Schachspiels
(0219-X) Von R. Teschner, 88 S., 85 Diagramme, kart. ●

Neue Schacheröffnungen
(0478-8) Von T. Schuster, 104 S., 100 Diagramme, kart. ●

Klassische Schacheröffnungen
(1086-9) Von T. Schuster, 144 S., zahlr. Diagramme, kart. ●●

Najdorf für Turnierspieler
Theorie und Praxis eines komplexen Eröffnungssystems. (1121-0) Von Dr. J. Nunn, 304 S., 202 Diagramme, kart. ●●●

Lehr-, Übungs- und Testbuch der Schachkombinationen
(0649-7) Von K. Colditz, 184 S., 227 Diagramme, kartoniert. ●●

Erfolgreiche Schachlehre
Eröffnungs- und Mittelspielstrategie
(0991-7) Von D. Bronstein, 254 S., 201 Diagramme, Pappband. ●

Spaß am Kombinieren
(1057-5) Von A. Pötzsch, 192 S., 365 Diagramme, Pappband. ●●

Erfolgreich angreifen
Der Königsflügel im Visier
(1058-3) Von J. Neistadt, 192 S., 183 Diagramme, Pappband. ●

Erfolgreich angreifen
Der Damenflügel und das Zentrum im Visier
(1123-7) Von J. Neistadt, 172 S., 163 Diagramme, Pappband. ●●

Sizilianisch siegen
durch die Kunst der Verteidigung
(0990-2) Von M. Taimanow, 160 S., 124 Diagramme, Pappband. ●●

Schach dem König
333 Kurzpartien unter 30 Zügen
(1124-5) Von A. Roismann, 272 S., 222 Diagramme, Pappband. ●●

Schnelle Schachsiege
Das meisterliche Gambitspiel
(1038-9) Von N. S. Samarian, 28 S., 125 Diagramme, Pappband. ●●

Offizielles Lehrbuch des Deutschen Schachbundes

Das systematische Schachtraining
Trainingsmethoden, Strategien und Kombinationen.
(0857-0) Von Sergiu Samarian, 152 S., 159 Diagramme, 1 Zeichnung, kartoniert. ●●

Taktische Schachendspiele
(0752-3) Von J. Nunn, 208 S., 152 Diagramme, kart. ●●

7

Schachstrategie
Ein Intensivkurs mit Übungen und ausführlichen Lösungen.
(**0584**-9) Von A. Koblenz, dt. Bearb. von K. Colditz, 212 S., 240 Diagramme, kart. ●●

Schachtraining mit den Großmeistern
(**0670**-5) Von H. Bouwmeester, 128 S., 90 Diagramme, kart. ●●

So denkt ein Schachmeister
Strategische und taktische Analysen.
(**0915**-1) Von H. Pfleger, G. Treppner, 120 S., 75 Diagramme, kart. ●●

Schach als Kampf
Meine Spiele und mein Weg.
(**0729**-9) Von G. Kasparow, 144 S., 95 Diagramme, 9 s/w-Fotos, kart. ●●

Kasparows Schacheröffnungen
(**1021**-4) Von O. Borik, 136 S., 16 s/w-Fotos, kartoniert. ●●

Schach-WM 1990 Kasparow-Karpow
(**1122**-9) Von O. Borik, Dr. H. Pfleger, 136 S., zahlreiche Diagramme, kartoniert. ●●

Mensch und Gesundheit

Der moderne Ratgeber
Wir werden Eltern
Schwangerschaft · Geburt · Erziehung des Kleinkindes.
(**4269**-8) Von B. Nees-Delaval, 376 S., 335 2-farbige Abb., Pappband. ●●●●

Wenn Sie ein Kind bekommen
(**4003**-2) Von U. Klamroth, Dr. med. H. Oster, 240 S., 86 s/w-Fotos, 30 Zeichnungen, kartoniert. ●●●

Wenn der Mensch zum Vater wird
Ein heiter-besinnlicher Ratgeber
(**4259**-0) Von D. Zimmer, 160 S., 20 Zeichnungen, Pappband. ●●●

Vorbereitung auf die Geburt und
Schwangerschaftsgymnastik
Atmung, Rückbildungsgymnastik.
(**0251**-3) Von S. Buchholz, 112 S., 98 s/w-Fotos, kartoniert. ●

Die Kunst des Stillens
nach neuesten Erkenntnissen (**0701**-9) Von Prof. Dr. med. E. Schmidt, S. Brunn, 112 S., 20 Fotos und Zeichnungen, kart. ●

Das Babybuch
Pflege · Ernährung · Entwicklung
(**0531**-8) Von A. Burkert, 96 S., 76 zweifbg. Zeichnungen, 22 s/w-Zeichnungen, kart. ●●

Babyfitneß
Massage, Spiele, Gymnastik und Schwimmen für Kinder im 1. Lebensjahr
(**1034**-6) Von G. Zeiß, 112 S., 179 zweifarbige Illustrationen, Pappband. ●●

Wenn Kinder krank werden
Medizinischer Ratgeber für Eltern
(**4240**-X) Von Dr. med. I. J. Chasnoff, B. Nees-Delaval, 232 S., 163 Zeichnungen, Pappband. ●●●

Keinen Mann um jeden Preis
Das neue Selbstverständnis der Frau in der Partnerbeziehung
(**4440**-2) Von Shere Hite, Kate Colleran, 208 S., Pappband. ●●●

Total verknallt ... und keine Ahnung?
Alles über Liebe, Sex und Zärtlichkeit
(**1024**-9) Von H. Bruckner, R. Rathgeber, 104 S., 38 Abbildungen, kart. ●●

Sinnliche Liebe
Sex und Partnerschaft
(**4436**-4) Von Dr. A. Stanway, 160 S., 260 vierfarbige Illustrationen, Pappband. ●●●●

Streicheleinheiten für Körper und Seele
Partnermassage
(**4444**-5) Von Chr. Unseld-Baumanns, 136 S., 145 Farbfotos, Pappband. ●●●●

Bildatlas des menschlichen Körpers
(**4177**-2) Von G. Pogliani, V. Vannini, 112 S., 402 Farbabb., 28 s/w-Fotos, Pappband. ●●●

Nahrungsmittelallergien
So ernähren Sie sich richtig!
(**0913**-5) Von Priv.-Doz. Dr. med. Dr. med. habil. J. von Mayenburg, Prof. Dr. med. Dr. phil. S. Borelli, E. Polster, 136 S., kart. ●●

Arteriosklerose
Risikofaktoren/Vorbeugung/Therapie
Richtige Ernährung bei erhöhtem Cholesterinspiegel.
(**1020**-6) Von Prof. Dr. med. G. Assmann, Dr. troph. U. Wahrburg, 192 S., 84 farb. Abb., 4 s/w-Zeichnungen, kartoniert. ●●

Asthma
Pseudokrupp, Bronchitis und Lungenemphysem
Krankheitsbilder · Diagnose · Therapie
(**1126**-1) Von Prof. Dr. med. W. Schmidt, S. Ertelt, 152 Seiten, 110 zweifarbige Zeichnungen, kartoniert. ●●●

Asthma
Pseudokrupp, Bronchitis und Lungenemphysem (**0778**-7) Von Prof. Dr. med. W. Schmidt, 120 S., 56 Zeichnungen, kart. ●●

Gallenleiden
Krankheitsbilder, Behandlung, Therapieverfahren, Selbstbehandlung. Richtige Lebensführung und Ernährung.
(**0673**-X) Von Dr. med. K. Steffens, 104 S., 34 Zeichnungen, kartoniert. ●

Diabetes
Krankheitsbild, Therapie, Kontrollen, Schwangerschaft, Sport, Urlaub, Alltagsprobleme. Neueste Erkenntnisse der Diabetesforschung. (**0895**-3) Von Dr. med. H. J. Krönke, 120 S., 4 Farbtafeln, 98 s/w-Fotos, 13 s/w-Zeichnungen, kartoniert. ●

Krampfadern
Ursachen, Vorbeugung, Selbstbehandlung, Therapieverfahren. (**0727**-2) Von Dr. med. K. Steffens, 112 S., 64 s/w-Abbildungen, kart. ●

Das moderne Hausbuch der Naturheilkunde
Neueste Erkenntnisse der Ganzheitsmedizin von Akupressur bis Zelltherapie.
(**4403**-8) Von H. Goldie, 448 S., 263 Farbzeichn., 15 s/w-Fotos, Pappband. ●●●●●

Naturkosmetik
Die Grundlagen gesunder und natürlicher Hautpflege.
(**1080**-X) Von N. E. Haas, 120 S., 63 Farbabb., kartoniert. ●●

Die sanfte Art des Heilens
Homöopathie
Praktische Anwendung und Arzneimittellehre
(**4418**-X) Von J. H. P. Kreuter, 216 S., 49 Zeichnungen, Pappband. ●●●

Aromatherapie
Gesundheit und Entspannung durch ätherische Öle.
(**1131**-8) Von K. Schutt, 96 S., 40 zweifarbige Abbildungen, kartoniert. ●●

Heilatmen
Ein Weg zu Lebenskraft und innerer Harmonie
(**1047**-8) Von K. Schutt, 112 S., 57 zweifarbige Abb., kartoniert. ●●

Wetterfühligkeit
Vorbeugen und behandeln
Der Einfluß von Wetter und Klima auf Körper und Psyche.
(**0998**-3) Von Dipl.-Met. H. Trenkle, fachl. Beratung Prof. Dr. V. Faust, 120 S., 8 Farbtafeln, 31 zweifarbige Abbildungen und Tabellen, kartoniert. ●●

Bewährte Naturheilverfahren bei
Herz-Kreislauf-Erkrankungen
(**1084**-2) Von Dr. med. O. Wolff, G. Leibold, 104 S., kartoniert. ●

Krebsangst und Krebs behandeln
Mit einem Vorwort von Prof. Dr. med. Friedrich Douwes.
(**0839**-0) Von G. Leibold, 104 S., kartoniert. ●

Bewährte Naturheilverfahren bei
Krebs
(**1082**-6) Hrsg. H.-R. Heiligtag, 88 S., kartoniert. ●

Heilen mit Blütenenergien
nach Dr. Bach
(**1141**-5) Von J. Wenzel, ca. 96 S., kart. ●

Bewährte Naturheilverfahren bei
Migräne und Schlafstörungen
(**1081**-8) Von G. Leibold, Dr. med. H. Chr. Scheiner, 112 S., kartoniert. ●

Gesunder Schlaf
Schlafstörungen ohne Medikamente erfolgreich behandeln.
(**1036**-2) Von Dr. D. H. Alke, 88 S., 22 s/w-Abb., mit Audiokassette, kartoniert. ●●●

Natürliche Behandlungsmethoden bei
Rückenschmerzen
Massage · Gymnastik · Entspannung
(**4447**-X) Von Dr. med. H. Hess, K. Eder, H.-J. Montag, K. Schutt, 152 S., 168 Farbabbildungen, Pappband. ●●●

Bewährte Naturheilverfahren bei
Rückenschmerzen
mit Spezialthema Alta-Major-Methode
(**1140**-7) Von G. Leibold, ca. 96 S., kart. ●

Rheuma behandeln und lindern
Mit einem Vorwort von Dr. med. Max-Otto Bruker.
(**0836**-8) Von G. Leibold, 96 S., kartoniert. ●

Besser sehen durch Augentraining
Ein Gesundheitsprogramm zur Verbesserung des Sehvermögens.
(**0914**-3) Von K. Schutt, B. Rumpler, 96 S., 32 s/w-Zeichnungen, kartoniert. ●

Allergien behandeln und lindern
Mit einem Vorwort von Prof. Dr. med. Axel Stemmann.
(**0840**-4) Von G. Leibold, 96 S., 4 Zeichnungen, kartoniert. ●

Enzyme
Vitalstoffe für die Gesundheit
(**0677**-2) Von G. Leibold, 96 S., kartoniert. ●

Kneippkuren zu Hause
(**0779**-5) Von G. Leibold, 112 S., 25 Zeichnungen, kartoniert. ●

Besser leben durch Fasten
(**0841**-4) Von G. Leibold, 96 S., kartoniert. ●

Die echte Schroth-Kur
(**0797**-3) Von Dr. med. R. Schroth, 88 S., 2 s/w-Fotos, kartoniert. ●

Massagetechniken und Heilanzeigen
Reflexzonentherapie
(**4404**-6) Von G. Leibold, 128 S., 53 Farbzeichnungen, Pappband. ●●●

Akupressur zur Eigenbehandlung
(**0417**-6) Von G. Leibold, 112 S., 78 Abb., kartoniert. ●

Chinesische Punktmassage
Akupressur
(**4419**-4) Von F.T. Lie, 192 S., 332 zweifarbige Abb., Pappband. ●●●●

Shiatsu-Massage
Harmonisierung der Energieströme im Körper
(**0615**-2) Von G. Leibold, 196 S., 180 Abb., kartoniert. ●

Fußsohlenmassage
Heilanzeigen · Technik · Selbsthilfe
(**0714**-0) Von G. Leibold, 96 S., 38 Zeichnungen, kartoniert. ●

Entspannung und Schmerzlinderung durch
Massage
(**0750**-7) Von B. Rumpler, K. Schutt, 112 S.,
116 zweifarbige Zeichnungen, kart. ●

Entspannung
(**0834**-1) Von Dr. med. Chr. Schenk, 88 S.,
29 Zeichnungen, kart. ●

Erfolg und Lebensfreude durch
Autogenes Training und Psychokybernetik
(**1035**-4) Von D. H. Alke, 80 S., 2 s/w-Zeichnungen, mit Audiokassette, kartoniert. ●●●

Hypnose und Autosuggestion
Methoden · Heilwirkungen · praktische Beispiele. (**0483**-4) Von G. Leibold, 120 S.,
9 Illustrationen, kart. ●

Chinesisches Schattenboxen
Tai-Ji-Quan
für geistige und körperliche Harmonie
(**0850**-3) Von F.T. Lie, 120 S., 221 s/w-Fotos,
9 s/w-Zeichnungen, Beilage: 1 s/w-Poster mit
zahlreichen Abbildungen, kart. ●●

Yoga
Weg zur Harmonie
(**4417**-8) Von A. Harf, W. von Rohr, 176 S.,
171 Farbfotos, 12 s/w-Zeichnungen, Pappband. ●●●●

Yoga gegen Haltungsschäden und Rückenschmerzen
(**0394**-3) Von A. Raab, 104 S., 215 Abb.,
kartoniert. ●

Neue Rezepte für **Diabetiker-Diät**
Vollwertig · abwechslungsreich · kalorienarm.
(**0418**-4) Von M. Oehlrich, 96 S., 8 Farbtafeln, kartoniert. ●

Diät bei Herzkrankheiten und Bluthochdruck
Rezeptteil von B. Zöllner.
(**3202**-1) Von Prof. Dr. med. H. Rottka, 92 S.,
4 Farbtafeln, kartoniert. ●●

Diät bei Erkrankungen der Nieren, Harnwege und bei Dialysebehandlung
Rezeptteil von B. Zöllner.
(**3203**-X) Von Prof. Dr. med. Dr. h. c. H. J.
Sarre und Prof. Dr. med. R. Kluthe, 96 S., 33
Farbfotos, 1 s/w-Zeichnung, kartoniert. ●●

Richtige Ernährung wenn man älter wird
Rezeptteil von B. Zöllner.
(**3204**-8) Von Prof. Dr. med. H.-J. Pusch,
96 S., 36 Farbfotos und 3 s/w-Zeichnungen,
kartoniert. ●●

Diät bei Darmkrankheiten
Durchfall · Divertikulose, Reizdarm und
Darmträgheit · einheimische Sprue (Zöllakie)
· Disaccharidasemangel · Dünndarmresektion · Dumping Syndrom, Rezeptteil von B.
Zöllner. (**3211**-0) Von Prof. Dr. med. G. Strohmeyer, 88 S., 4 Farbtafeln, kartoniert. ●●

Diät bei Gicht und Harnsäuresteinen
Rezeptteil von B. Zöllner.
(**3205**-6) Von Prof. Dr. med. N. Zöllner,
112 S., 35 Farbtafeln, kartoniert. ●●

Diät bei Zuckerkrankheit
Rezeptteil von B. Zöllner. (**3206**-4) Von Prof.
Dr. med. P. Dieterle, 112 S., 42 Farbfotos,
4 vierfarbige Vignetten, 1 s/w-Zeichnung,
kartoniert. ●●

Diät bei Störungen des Fettstoffwechsels und zur Vorbeugung der Arteriosklerose
Rezeptteil von B. Zöllner.
(**3208**-0) Von Prof. Dr. med. G. Wolfram,
104 S., 32 Farbfotos, kartoniert. ●●

Ballaststoffreiche Kost bei Funktionsstörungen des Darms
Rezeptteil von B. Zöllner.
(**3212**-9) Von Prof. Dr. med. H. Kasper, 96 S.,
34 Farbfotos, 1 s/w-Foto, kart. ●●

Diät bei Krankheiten des Magens und Zwölffingerdarms
Rezeptteil von B. Zöllner.
(**3201**-3) Von Prof. Dr. med. H. Kaess, 96 S.,
35 Farbfotos, 1 s/w-Zeichnung, kartoniert. ●●

Diät bei Krankheiten der Gallenblase, Leber und Bauchspeicheldrüse
Rezeptteil von B. Zöllner.
(**3207**-2) Von Prof. Dr. med. H. Kasper, 88 S.,
35 Farbfotos, 1 s/w-Zeichnung, kart. ●●

Diät bei Übergewicht
Rezeptteil von B. Zöllner.
(**3209**-9) Von Prof. Dr. med. Ch. Keller,
104 S., 42 Farbfotos, 3 s/w-Zeichnungen,
kart. ●●

Garten und Tiere

Garten heute
Der moderne Ratgeber · Über 1000 Farbbilder. (**4283**-3) Von H. Jantra, 384 S., über
1000 Farbabb., Pappband. ●●●●

Helmut Jantras Gartenbuch
Obst · Gemüse · Blumen
(**4522**-0) Von H. Jantra, 200 S., 395 Farbfotos, 123 Farbzeichnungen, 25 Tabellen,
Pappband. ●●

1000 ganz bewährte Garten-Tips
(**4453**-4) Von H. Jantra, 320 S., 288 zweifarbige und 62 s/w-Zeichnungen, Pappband. ●●●

Obst, Gemüse, Blumen, Gras
Gärtnern macht den Kindern Spaß
(**4517**-4) Von U. Krüger, 96 S., 85 Farbfotos,
180 Farbzeichnungen, Pappband. ●●

Rosen
Auswahl · Pflege · Gestaltung
(**1183**-0) Von H. Jantra, 120 S., 200 Farbfotos, 20 Farbzeichnungen, 8 Bepflanzungspläne, kartoniert. ●●

Erfolgstips für den Obstgarten
Gesunde Früchte durch richtige Sortenwahl
und Pflege.
(**0827**-9) Von F. Mühl, 184 S., 16 Farbfotos,
33 Zeichnungen, kartoniert. ●●

Erfolgstips für den Gemüsegarten
Mit naturgemäßem Anbau zu höherem
Ertrag. (**0674**-8) Von F. Mühl, 80 S., 30 s/w-Fotos, 4 Zeichnungen, kartoniert. ●

Mischkultur im Nutzgarten
Mit Jahreskalender und Anbauplänen.
(**0651**-9) Von H. Oppel, 112 S., 8 Farbfotos,
23 s/w-Fotos, 29 Zeichnungen, kart. ●●

Obstgehölze sachgemäß schneiden
(**1127**-X) Von P.G. Wilhelm, ca. 128 S., ca.
50 zweifarbige und 200 s/w-Fotos, kartoniert. ●●

Erfolgstips für den Ziergarten
Schmuckpflanzen und Rasen richtig pflegen.
(**0930**-5) Von F. Mühl, 156 S., 12 Farbfotos,
26 s/w-Zeichnungen, kartoniert. ●●

Erfolgreich gärtnern mit Frühbeet und Folie
(**0828**-7) Von Dr. Gustav Schoser, 88 S.,
8 Farbfotos, 46 s/w-Fotos, kartoniert. ●

Gesunde Zierpflanzen im Garten
Krankheiten erkennen und behandeln.
Mit neuem Diagnose-System.
(**4429**-1) Von Prof. Dr. G. Stelzer, 208 S.,
456 Farbfotos, 5 s/w- und 5 Farbzeichnungen, Pappband. ●●●●

Erfolgreich gärtnern
durch naturgemäßen Anbau
(**4252**-3) Von I. Gabriel, 416 S., 176 Farbfotos, 212 Farbzeichnungen, Pappband. ●●●

Aktion Garten ohne Gift
Gesunde Umwelt durch natürlichen Pflanzenschutz.
Ein Praxis-Handbuch von E. Hoplitschek u.
B. M. Tegethoff. (**4425**-9) 176 S., 250 Farbfotos, 35 Farb- und 29 s/w-Zeichn., Pappband. ●●●●

Neuanlage eines Biogartens
Planung, Bodenvorbereitung, Gestaltung
(**0721**-3) Von I. Gabriel, 128 S., 73 Farbfotos,
39 Farbzeichnungen, kart. ●●

Gesunde Pflanzen im Biogarten
Biologische Maßnahmen bei Schädlingsbefall und Pflanzenkrankheiten.
(**0707**-9) Von I. Gabriel, 128 S., 126 Farbfotos, kartoniert. ●●

Obst und Beeren im Biogarten
Gesunde und schmackhafte Früchte durch
natürlichen Anbau. (**0780**-9) Von I. Gabriel,
128 S., 109 Farbabb., kartoniert. ●●

Gemüse im Biogarten
Gesunde Ernte durch natürlichen Anbau
(**0830**-9) Von I. Gabriel, 128 S., 26 Farbfotos,
86 Farbzeichnungen, kartoniert. ●●

Kräuter und Heilpflanzen im Biogarten
Gesunde Ernte durch natürlichen Anbau
(**0929**-1) Von I. Gabriel, 112 S., 63 Farbfotos,
19 Farbzeichnungen, kartoniert. ●●

Der biologische Zier- und Wohngarten
Planen, Vorbereiten, Bepflanzen und Pflegen
(**0748**-5) Von I. Gabriel, 128 S., 72 Farbfotos,
46 Farbzeichnungen, kartoniert. ●●

Kosmische Einflüsse auf unsere Gartenpflanzen
Sterne beeinflussen Wachstum und Gesundheit der Pflanzen. (**0708**-6) Von I. Gabriel,
112 S., 100 Farbabb., kartoniert. ●●

Natürlich gärtnern unter Glas und Folie
Anbauen und ernten rund ums Jahr
(**0722**-1) Von I. Gabriel, 128 S., 62 Farbfotos,
45 Farbzeichnungen, kartoniert. ●●

Dekorative Kübelpflanzen
Auswahl und Pflege
(**1074**-5) Von H. Jantra, 112 S., 180 Farbfotos, 4 Farbzeichnungen, kartoniert. ●●

Blütenpracht auf Balkon und Terrasse
(**0928**-3) Von M. Haberer, 88 S., 139 Farbfotos, kartoniert. ●●

Gemüse, Kräuter, Obst aus dem Balkongarten
Erfolgreich ernten auf kleinstem Raum
(**0694**-2) Von S. Stein, 82 S., 34 Farbfotos,
6 Zeichnungen, Spiralbindung, kart. ●

Gestaltungsideen für
Schöne Gärten
(**4482**-8) Von H. Jantra, 168 S., 309 Farbfotos, 4 Farbzeichnungen, Pappband. ●●●●

Kleingärten
Planen · Anlegen · Pflegen
(**1015**-X) Von H. Jantra, 88 S., 123 Farbfotos,
1 s/w-Foto, 14 Farbzeichnungen, kart. ●●

Reihenhausgärten
Planen · Anlegen · Pflegen
(**1016**-8) Von H. Jantra, 104 S., 134 Farbfotos, 45 Farbzeichnungen, kart. ●●

Steingärten Wirkungsvoll gestalten und
sachgerecht pflegen
(**4452**-6) Von A. Thröll-Keller, 128 S., 203
Farbfotos, 56 Farbzeichnungen, Pappband.
●●●●

Gartenteiche, Tümpel und Weiher
naturnah anlegen und pflegen
(**1073**-7) Von Dr. F. Liedl, H. Goos, 80 S.,
87 Farbfotos, 39 Farbzeichnungen, kart. ●●

Wasser im Garten
Von der Vogeltränke zum Naturteich · Natürliche Lebensräume selbst gestalten.
(**4230**-2) Von H. Hendel, P. Keßler, 240 S.,
315 Farbabb., 11 s/w-Fotos, Pappband.
●●●●

9

Mein kleiner Gartenteich
planen – anlegen – pflegen
(**0851**-1) Von I. Polascheck, 144 S., 108 Farbabb., 6 s/w-Zeichnungen, kart. ●●

Pflanzen und Tiere für den Gartenteich
(**1171**-7) Von W. Costa, 128 S., 169 Farbfotos, 40 Farbzeichnungen, 8 Bepflanzungspläne, kartoniert. ●●

Häuser in lebendigem Grün
Fassaden und Dächer mit Pflanzen gestalten
(**0846**-5) Von U. Mehl, K. Werk, 88 S., 116 Farbfotos, 4 Farb- und 17 s/w-Zeichnungen, kartoniert. ●●

Wintergärten
Das Erlebnis, mit der Natur zu wohnen.
Planen, Bauen und Gestalten.
(**4256**-6) Von LOG ID, 136 S., 130 Farbfotos, 107 Zeichnungen, Pappband. ●●●●

Rund ums Jahr erfolgreich gärtnern
Gewächshäuser
planen · bauen · einrichten · nutzen
(**4408**-9) Von Dr. G. Schoser, J. Wolff, 232 S., 368 Farbabb., 5 s/w-Fotos, Pappband.
●●●●●

Ziergräser
Über 100 Arten erfolgreich kultivieren
(**0829**-5) Von H. Jantra, 104 S., 73 Farbfotos, 6 Farbzeichnungen, kartoniert. ●●

Das moderne Handbuch **Zimmerpflanzen**
(**4416**-X) Von H. Jantra, 304 S., 766 Farbfotos, 64 Farb- und 19 s/w-Zeichnungen, Pappband. ●●●●

365 Erfolgstips für schöne Zimmerpflanzen
(**0893**-7) Von H. Jantra, 144 S., 215 Farbfotos, kartoniert. ●●

Dekorative Blattpflanzen
Auswahl und Pflege
(**1128**-8) Von H. Jantra, 128 S., 198 Farbfotos, 20 Farbzeichnungen, kartoniert. ●●

Prof. Stelzers grüne Sprechstunde
Gesunde Zimmerpflanzen
Krankheiten erkennen und behandeln.
Mit neuem Diagnosesystem.
(**4274**-4) Von Prof. Dr. G. Stelzer, 192 S., 410 Farbfotos, 10 s/w-Zeichnungen, Pappband. ●●●●

Hydrokultur
Pflanzen ohne Erde – mühelos gepflegt.
(**0944**-5) Von H.-A. Rotter, 144 S., 167 Farbfotos, 13 Farbzeichnungen, kart. ●●

Bonsai Japanische Miniaturbäume und Miniaturlandschaften. Anzucht, Gestaltung und Pflege.
(**4091**-1) Von B. Lesniewicz, 160 S., 106 Farbfotos, 46 s/w-Fotos, 115 Zeichnungen, gebunden. ●●●●

Fibel für Kakteenfreunde
(**0199**-1) Von H. Herold, 102 S., 23 Farbfotos, 37 s/w-Abb., kartoniert. ●

Grzimek Juniors **BUNTE TIERWELT**
(**4295**-7) Von Chr. Grzimek, 208 S., 308 Farbfotos, Pappband. ●●●

Hunde
Rassen · Ausbildung · Pflege · Zucht
(**4118**-7) Von H. Bielfeld, 192 S., 222 Farb- und 73 s/w-Abb., Pappband. ●●●●

Das neue Hundebuch
Rassen · Aufzucht · Pflege
(**0009**-X) Von W. Busack, überarbeitet von Dr. med. vet. A. H. Hacker und H. Bielfeld, 112 S., 8 Farbtafeln, 27 s/w-Fotos, 6 Zeichnungen, kartoniert. ●●

Alles über Dackel, Teckel und Dachshunde
(**1079**-6) Von M. Wein-Gysae, 80 S., 46 Farbfotos, 2 vierfarbige Zeichnungen, kart. ●●

Hundeausbildung
Verhalten · Gehorsam · Ausbildung
(**0346**-3) Von R. Menzel, 88 S., 26 Fotos, kartoniert. ●

Grundausbildung für Gebrauchshunde
Schäferhund, Boxer, Rottweiler, Dobermann, Riesenschnauzer, Airedaleterrier, Hovawart und Bouvier.
(**0801**-5) Von M. Schmidt und W. Koch. 104 S., 8 Farbtafeln, 51 s/w-Fotos, 5 s/w-Zeichnungen, kartoniert. ●

Der Hund in der Familie
(**1014**-1) Von J. Werner, 128 S., 106 Farbfotos, kartoniert. ●

Der Deutsche Schäferhund
(**1091**-5) Von U. Förster, 112 S., 47 Farbzeichnungen, 2 s/w-Fotos, kartoniert. ●●

Der Deutsche Schäferhund
Aufzucht, Pflege und Ausbildung
(**0073**-1) Von A. Hacker, 104 S., 56 Abbildungen, kartoniert. ●

Alles über junge Hunde
(**0863**-5) Von Dr. med. vet. E. M. Bartenschlager, 64 S., 49 Farbfotos, 6 Zeichnungen, kartoniert. ●

Richtige Hundeernährung
(**0811**-2) Von Dr. med. vet. E. M. Bartenschlager, 80 S., 51 Farbfotos, 4 Farbzeich., kartoniert. ●

Hundekrankheiten
(**1077**-X) Von Dr. med. vet. R. Spangenberg, 96 S., 44 Farb- und 1 s/w-Foto, 22 Farbzeichnungen, kartoniert. ●

Von Ajax bis Zamperl
Die beliebtesten Hunde-Namen
(**1174**-1) Von H.-J. Schließke, ca. 80 S., kartoniert. ●

Katzen
Rassen · Verhalten · Pflege · Zucht
(**4158**-6) Von B. Gerber, 176 S., 294 Farb- und 88 s/w-Fotos, Pappband. ●●●●

Das neue Katzenbuch
Rassen · Aufzucht · Pflege.
(**0427**-3) Von B. Eilert-Overbeck, 120 S., 14 Farbfotos, 26 s/w-Fotos, kartoniert. ●

Katzenkrankheiten
erkennen und behandeln
(**1078**-8) Von Dr. med. vet. R. Spangenberg, 104 S., 40 Farbfotos und 11 Farbzeichnungen, kartoniert. ●●

Junge Katzen
(**0862**-7) Von Dr. med. vet. E. M. Bartenschlager, 72 S., 40 Farbfotos, 4 Farbzeichnungen, kartoniert. ●

Pferde
(**4186**-1) Von H. Werner, 176 S., 196 Farb- und 50 s/w-Fotos, 100 Zeichnungen, Pappband. ●●●●

Reiten im Bild
(**0415**-X) Von H. Werner, 128 S., 142 Farbfotos, 107 Farbzeichnungen, kartoniert. ●●

Der Hobby-Imker
(**0978**-X) Von Dr. R. F. A. Moritz, 144 S., 106 zweifarbige Zeichnungen, kartoniert. ●●

Geflügelhaltung als Hobby
(**0749**-3) Von M. Baumeister, H. Meyer, 184 S., 8 Farbtafeln, 47 s/w-Fotos, 15 zweifarbige Zeichnungen, kartoniert. ●●

Sittiche und kleine Papageien
(**0864**-3) Von Dr. med. vet. E. M. Bartenschlager, 88 S., 84 Farbfotos, 9 Zeichnungen, kartoniert. ●

Alles über Wellensittiche
(**1129**-6) Von H. Bielfeld, 64 S., 53 Farbfotos, 3 Zeichnungen, kartoniert. ●●

Alles über Kanarienvögel
(**0901**-1) Von H. Schnoor, 64 S., 58 Farbfotos und Zeichnungen, kartoniert. ●●

Die Tiersprechstunde
Artgerechte Vogelfütterung im Winter
(**0908**-9) Von W. Keil, 64 S., 51 Farbfotos und Zeichnungen, kartoniert. ●

Süßwasser-Aquarium
(**4191**-8) Von H. J. Mayland, 288 S., 564 Farbfotos, 75 Zeichnungen, Pappband. ●●●●●

Die Tiersprechstunde
Gesunde Fische im Süßwasseraquarium
(**1013**-3) Von H. J. Mayland, 96 S., 73 Farbfotos, 10 Zeichnungen, kartoniert. ●

Tiere im Wassergarten
(**0808**-2) Von Dr. med. vet. E. M. Bartenschlager, 96 S., 84 Farbfotos, 7 Zeichnungen, kartoniert. ●●

Die Tiersprechstunde
Alles über Zwerg- und Goldhamster
(**1012**-5) Von M. Mettler, 96 S., 96 Farbfotos, kartoniert. ●

Alles über Chinchillas und Degus
(**1130**-X) Von M. Mettler, 96 S., 80 Farbfotos, 3 Zeichnungen, kartoniert. ●●

Alles über Meerschweinchen
(**0809**-0) Von Dr. med. vet. E. M. Bartenschlager, 72 S., 43 Farbfotos, 11 Farbzeichnungen, kartoniert. ●

Alles über Igel in Natur und Haus
(**0810**-4) Von Dr. med. vet. E. M. Bartenschlager, 68 S., 51 Farbfotos, kartoniert. ●

Alles über Zwergkaninchen
(**1075**-3) Von M. Mettler, 64 S., 52 Farbfotos, kartoniert. ●

Reise

Vom Morgenland ins Reich der Sonnengöttin
Lebensbilder aus dem Nahen und Fernen Osten. (**4449**-6) Von J. Schneider, H. Schoen, 160 S., 266 Farbfotos, 1 farbige Karte, Pappband. ●●●●

Traumreisen
Unterwegs auf den schönsten Straßen der Welt. (**4468**-2) Von T. Pehle, 192 S., 288 Farbfotos, 12 Zeichnungen, Pappband. ●●●●

Streifzüge durch die deutsche Kulturgeschichte
(**4490**-9) Von L. von Saalfeld, Dr. D. Kreidt, U. Stöckel, A. Hürmer, 208 S., über 100 Farbfotos, 52 Lagepläne, Pappband. ●●●

Der Metternich 90/91
Die besten Adressen für Feinschmecker in Deutschland. (**4488**-7) Hrsg. von P. A. Fürst von Metternich-Winneburg, bearbeitet von C. Arius, 464 S., 366 Farbfotos, 5 Übersichtskarten, Pappband. ●●●●

Berlin
Die neue Metropole
(**1145**-8) Von R. Mader, 96 S., 116 Farbfotos, 15 hist. Landschafts- und Städteabbildungen, 1 Stadtplan, kartoniert. ●●

An der Ostseeküste in Mecklenburg
(**1137**-7) Von R. Mader, 96 S., 94 Farbfotos, 18 hist. Städte- und Landschaftsabbildungen, kartoniert. ●●

Der Thüringer Wald und die Dichterstädte
(**1135**-0) Von R. Mader, 96 S., 95 Farbfotos, 17 hist. Landschafts- und Städteabbildungen, kartoniert. ●●

Der Harz
(**1144**-X) Von R. Mader, 96 S., 100 Farbfotos, 17 hist. Städte- und Landschaftsabbildungen, kartoniert. ●●

Dresden
Barockperle an der Elbe
(**1134**-2) Von R. Mader, 96 S., 97 Farbfotos, 13 hist. Landschafts- und Städteabbildungen, 1 s/w-Foto, 1 aufklappbarer Stadtplan, kart. ●●

Vom Spreewald zur Lausitz
(**1136**-9) Von R. Mader, 96 S., 95 Farbfotos, 11 hist. Landschafts- und Städteabbildungen, 1 Panoramakarte, kartoniert. ●●

FALKEN Video
Reiseziel DDR
(**6061**-0) VHS, ca. 60 Minuten, in Farbe, Kompaktreiseführer mit Panoramakarte im Taschenformat. ●●●●*

FALKEN Video
Reiseziel Berlin
(**6067**-X) VHS, ca. 60 Minuten, in Farbe, Kompaktreiseführer mit Panoramakarte im Taschenformat. ●●●●*

FALKEN Video
Reiseziel Ostseeküste DDR
(**6062**-9) VHS, ca. 60 Minuten, in Farbe, Kompaktreiseführer mit Panoramakarte im Taschenformat. ●●●●*

FALKEN Video
Reiseziel USA
Der Südwesten mit LAS VEGAS und den schönsten Sehenswürdigkeiten in den ROCKY MOUNTAINS.
(**6055**-6) VHS, ca. 60 Minuten, in Farbe, Kompaktreiseführer mit Panoramakarte im Taschenformat. ●●●●*

FALKEN Video
Info-Tour USA
Die Highlights aus dem FALKEN Reiseprogramm New York, Kalifornien, Florida und USA Süd-West.
(**6060**-2) VHS, ca. 30 Minuten, in Farbe. ●*

FALKEN Video
Reiseziel New York
(**6048**-3) VHS, ca. 60 Minuten, in Farbe, mit Begleitbroschüre. ●●●●*

FALKEN Video
Reiseziel Florida
(**6054**-8) VHS, ca. 60 Minuten, in Farbe, Kompaktreiseführer mit Panoramakarte im Taschenformat. ●●●●*

FALKEN Video
Reiseziel Kalifornien
San Francisco und die schönsten Ziele in Kalifornien.
(**6049**-1) VHS, ca. 60 Minuten, in Farbe, mit Begleitbroschüre. ●●●●*

FALKEN Video
Reiseziel Hawaii
(**6063**-7) VHS, ca. 60 Minuten, in Farbe, Kompaktreiseführer mit Panoramakarte im Taschenformat. ●●●●*

FALKEN Video
Reiseziel Thailand
Exotisches Bangkok, traumhafte Strände, berühmte Tempel und Paläste.
(**6065**-3) VHS, ca. 60 Minuten, in Farbe, Kompaktreiseführer mit Panoramakarte im Taschenformat. ●●●●*

FALKEN Video
Reiseziel Kanarische Inseln
Schöne Strände, interessante Exkursionen.
(**6065**-5) VHS, ca. 60 Minuten, in Farbe, Kompaktreiseführer mit Panoramakarte im Taschenformat. ●●●●*

FALKEN Video
Reiseziel Irland
Entdeckungsreise mit Boot und Planwagen, präzise Informationen, praktische Tips.
(**6059**-9) VHS, ca. 60 Minuten, in Farbe, Kompaktreiseführer mit Panoramakarte im Taschenformat. ●●●●*

FALKEN Video
Reiseziel Norwegen
Rundreise zu den schönsten Fjorden, präzise Informationen, praktische Tips.
(**6058**-0) VHS, ca. 60 Minuten, in Farbe, Kompaktreiseführer mit Panoramakarte im Taschenformat. ●●●●*

Rat und Wissen

Der gute Ton
in Gesellschaft und Beruf.
(**0063**-4) Von I. Wolter, 80 S., 42 s/w-Fotos, 7 Zeichnungen, kartoniert. ●

Der gute Ton
im Privatleben.
(**1111**-3) Von I. Wolter, bearbeitet von Wolf Stenzel, 104 S., 42 s/w-Abbildungen, kartoniert. ●

Umgangsformen heute
Die Empfehlungen des Fachausschusses für Umgangsformen.
(**4015**-6) 252 S., 108 s/w-Fotos, 17 Zeichnungen, Pappband. ●●●

Benehmen bei Tisch
(**0988**-7) Von I. Cording, 80 S., 90 Farbfotos, 5 s/w-Zeichnungen, kartoniert. ●●

Krawatten
Fliegen, Schals und Tücher gekonnt binden
(**1072**-9) Von Y. Thalheim, H. Nadolny, 48 S., 129 Farbfotos, 1 s/w-Foto, Pappband. ●

Wir heiraten
Ratgeber für Vorbereitung und Festgestaltung der Verlobung und Hochzeit.
(**4188**-8) Von C. Poensgen, 216 S., 8 s/w-Fotos, 30 s/w-Zeichnungen, 8 Farbtafeln, Pappband. ●●●

Von der Verlobung zur Goldenen Hochzeit
(**0393**-5) Von E. Runge, 112 S., kartoniert. ●

Hochzeits- und Bierzeitungen
Muster, Tips und Anregungen.
(**0288**-2) Von H.-J. Winkler, mit vielen Text- und Gestaltungsanregungen, 116 S., 15 Abb., 1 Musterzeitung, kartoniert. ●

Die Silberhochzeit
Vorbereitung · Einladung · Geschenkvorschläge · Dekoration · Festablauf · Menüs · Reden · Glückwünsche. (**0542**-3) Von K. F. Merkle, 112 S., 41 Zeichnungen, kart. ●

Wie soll es heißen?
(**0211**-9) Von D. Köhr, 136 S., kartoniert. ●

Unsere beliebtesten Vornamen
(**1023**-0) Von A. F. W. Weigel, 160 S., 75 s/w-Fotos, Pappband. ●●

Kindergedichte, Lieder und Sketche für Hochzeitsfeiern
(**1112**-1) Von B. Lins, 72 S., 26 farbige Abbildungen, 15 Lieder, kartoniert. ●

Kindergedichte zur grünen, silbernen und goldenen Hochzeit
(**0318**-8) Von H.-J. Winkler, 104 S., 20 Abb., kartoniert. ●

Kindergedichte für Familienfeste
(**0860**-0) Von B. H. Bull, 96 S., 20 Zeichnungen, kartoniert. ●

Kindergedichte rund ums Jahr
(**1040**-0) Von A. Schweiggert, 80 S., 49 Zeichnungen, 6 Vignetten, kartoniert. ●

Ins Gästebuch geschrieben
(**0576**-8) Von K. H. Trabeck, 96 S., 24 Zeichnungen, kartoniert. ●

Der Verseschmied
Kleiner Leitfaden für Hobbydichter. Mit Reimlexikon.
(**0597**-0) Von T. Parisius, 96 S., 28 Zeichnungen, kartoniert. ●

Die schönsten Volkslieder
(**0432**-X) Hrsg. D. Walther, 128 S., mit Noten und Zeichnungen, kartoniert. ●

Wo man singt...
Lieder aus Deutschland
(**4507**-7) Hrsg. von R. Werion, Prof. H. Rauhe, H. R. Beierlein, 288 S., 217 Farbzeichnungen, Pappband. ●●●

Neue Glückwunschfibel
für groß und klein. (**0156**-8) Von R. Christian-Hildebrandt, 96 S., 13 Vignetten, kartoniert. ●

Großes Buch der Glückwünsche
(**0255**-6) Hrsg. von O. Fuhrmann, 176 S., 77 Zeichnungen und viele Gestaltungsvorschläge, kartoniert. ●●

Verse fürs Poesiealbum
(**0241**-6) Von I. Wolter, 96 S., 20 Abb., kartoniert. ●

Heiter und besinnliche Verse fürs Poesiealbum
(**1069**-9) Von B. H. Bull, 160 S., 70 zweifarbige Illustrationen, Pappband. ●●

Reden und Ansprachen
für jeden Anlaß. (**4009**-1) Hrsg. von F. Sicker, 454 S., gebunden. ●●●

Die Kunst der freien Rede
Ein Intensivkurs mit vielen Übungen, Beispielen und Lösungen.
(**4189**-6) Von G. Hirsch, 232 S., 11 Zeichnungen, Pappband. ●●●

Festreden und Vereinsreden
Muster für alle Gelegenheiten
(**0069**-9) Von K. Lehnhoff, E. Ruge, 96 S., kartoniert. ●

Trinksprüche, Gästebuchverse, Richtsprüche
(**0224**-6) Von D. Kellermann, 96 S., kartoniert. ●

Glückwünsche, Toasts und Festreden zur Hochzeit
(**0264**-5) Von I. Wolter, 112 S., 18 Zeichnungen, kartoniert. ●

Reden zur Taufe, Kommunion und Konfirmation
(**0751**-5) Von G. Georg, 96 S., kartoniert. ●

Reden zu Familienfesten
Musteransprachen für viele Gelegenheiten
(**0675**-6) Von G. Georg, 112 S., kartoniert. ●

Reden im Verein
Musteransprachen für viele Gelegenheiten
(**0703**-5) Von G. Georg, 112 S., kartoniert. ●

Reden zum Jubiläum
Musteransprachen für viele Gelegenheiten
(**0595**-4) Von G. Georg, 112 S., kartoniert. ●

Reden und Sprüche zu Grundsteinlegung, Richtfest und Einzug
(**0598**-0) Von A. Bruder, G. Georg, 96 S., kartoniert. ●

Die überzeugende Rede
Mehr Erfolg durch bessere Rhetorik
(**0076**-6) Von K. Wolter, G. Kunz, 96 S., kartoniert. ●

Moderne Korrespondenz
Handbuch für erfolgreiche Briefe
(**4014**-8) Von H. Kirst und W. Manekeller, 544 S., Pappband. ●●●●

Musterbriefe
für alle Gelegenheiten.
(**0231**-9) Hrsg. von O. Fuhrmann, 240 S., kartoniert. ●

FALKEN-Software
Musterkorrespondenz in Deutsch, Englisch, Französisch, Italienisch, Spanisch
(**7041**-1) Diskette 5 1/4" für IBM-PC + Kompatible, mit Begleitbroschüre. ●●●●*
(**7051**-9) Diskette 3 1/2" für IBM-PC + Kompatible, mit Begleitbroschüre. ●●●●*

FALKEN-Software
TEXAD
Das komfortable Korrespondenzprogramm für den privaten und geschäftlichen Bereich
(**7017**-9) 2 Disketten für IBM-PC + Kompatible, 5 1/4″, mit Begleitheft, **DM 198,–***, S 1980,-*, SFr 198,–*.
(**7048**-9) Diskette 3 1/2″, mit Handbuch. ●●●●●*
(**7049**-7) Demo-Version 5 1/4″, o. Handbuch. ●●*
(**7050**-0) Demo-Version 3 1/2″, o. Handbuch. ●●*

Privatbriefe
Muster für alle Gelegenheiten. (**0114**-2) Von I. Wolter-Rosendorf, 112 S., kart.●

Erfolgstips für den Schriftverkehr
Briefgestaltung · Rechtschreibung · Zeichensetzung · Stil. (**0678**-0) Von U. Schoenwald, 112 S., kart.●

Geschäftliche Briefe
des Privatmanns, Handwerkers, Kaufmanns (**0041**-3) Von A. Römer, 124 S., kart. ●

Behördenkorrespondenz
Musterbriefe · Anträge · Einsprüche (**0412**-5) Von E.Ruge, 112 S., kart.●

Worte und Briefe der Anteilnahme
(**0464**-8) Von E. Ruge, 96 S., mit vielen Abb., kart. ●

Briefe zu Geburt und Taufe
Glückwünsche und Danksagungen. (**0802**-3) Von H. Beitz, 96 S., 12 Zeichnungen, kart. ●

Briefe zum Geburtstag
Glückwünsche und Danksagungen. (**0822**-8) Von H. Beitz, 104 S., 22 Zeichnungen, kart. ●

Briefe der Liebe
Anregungen für gefühlvolle und zärtliche Worte. (**0903**-8) Hrsg. von H. Beitz, 96 S., 4 Zeichnungen, kart. ●

Erziehungsgeld, Mutterschutz, Erziehungsurlaub
Das neue Recht für Eltern
(**0835**-X) Von J. Grönert, 144 S., kart. ●

Liebe ja – Ehe nein
Die nichteheliche Lebensgemeinschaft
(**1071**-9) Von T. Drewes, 104 S., 8 s/w-Zeichnungen, kartoniert. ●

Scheidung und Unterhalt
nach dem neuen Eherecht.
(**0403**-6) Von T.Drewes, 112 S., mit Kosten und Unterhaltstabellen, kart. ●

Testament und Erbschaft
Erbfolge, Rechte und Pflichten der Erben, Erbschafts- und Schenkungssteuer, Mustertestamente. (**4139**-X) Von T. Drewes, R. Hollender, 304 S., Pappband. ●●●

Der letzte Wille
Ratgeber für Erblasser, Erben und Hinterbliebene in Rechts-, Versorgungs- und Steuerfragen (**0939**-9) Von T. Drewes, 136 S., 9 s/w-Zeichnungen, kart. ●●

Mietrecht
Leitfaden für Mieter und Vermieter
(**0479**-6) Von J. Beuthner, 196 S., kart. ●●

Präzise Ratschläge für **Ihre optimale Rente**
Vorbereitung · Berechnungsgrundlagen · Gesetzesänderungen · Individuelle Rechenbeispiele. (**0806**-6) Von K. Möcks, 96 S., 24 Formulare, 1 Graphik, kart. ●

Haushaltstips praktisch und umweltfreundlich
(**1046**-X) Von K. Winkell, 96 S., 36 Zeichnungen, kartoniert. ●

Haushaltstips von A – Z
(**0759**-0) Von A. Eder, 80 S., 30 Zeichnungen, kart. ●

Der Umweltfahrplan
Ein praktischer Ratgeber für Haushalt und Familie
(**1103**-2) Von K. Riedesser, hrsg. von der Aktionsgemeinschaft Umwelt, Gesundheit, Ernährung e. V., Hamburg, 144 S., 34 s/w-Zeichnungen, kart. ●

Wege zum Börsenerfolg
Aktien · Anleihen · Optionen
(**4275**-2) Von H. Krause, 252 S., 4 s/w-Fotos, 86 Zeichnungen, Pappband. ●●●●

FALKEN-Software
Börsenfieber
Spielend spekulieren mit Geld und Aktien
(**7016**-0) IBM-PC und Kompatible, Diskette 5 1/4″, mit Begleitheft, ●●●●●*
(**7026**-8) für C 64/C 128 PC, mit Begleitheft
(**7027**-6) für Atari ST 520/1040, mit Begleitheft
(**7028**-4) für Amiga, mit Begleitheft
(**7044**-6) für IBM PC + Kompatible, Diskette 3 1/2″, mit Begleitheft.

FALKEN-Software
Börsenfieber
Über 100 neue Ereignisse
(**7066**-7) Diskette 5 1/4″ für IBM-PC + Kompatible, mit Begleitbroschüre. ●●●*
(**7067**-5) Diskette 3 1/2″ für IBM-PC + Kompatible, mit Begleitbroschüre. ●●●*

FALKEN-Software
Broker King
Cash und crash an der Terminbörse. Mit Warenterminngeschäft und Optionshandel
(**7057**-8) Diskette 5 1/4″ für IBM-PC + Kompatible, mit Begleitbroschüre. ●●●●● *
(**7058**-6) Diskette 3 1/2″ für IBM-PC + Kompatible, mit Begleitbroschüre. ●●●●●*

Richtige Groß- und Kleinschreibung
durch neue, vereinfachte Regeln. Erläuterungen der Zweifelsfragen anhand vieler Beispiele.
(**0897**-X) Von Prof. Dr. Ch. Stetter, 96 S., kart. ●

Gutes Deutsch schreiben und sprechen
(**4432**-1) Von W. Manekeller, Dr. G. Reinert-Schneider, 416 S., durchgehend zweifarbig, Pappband. ●●●●

Mehr Erfolg in der Schule
Deutsche Rechtschreibung und Grammatik
Übungen und Beispiele für die Klassen 5-10.
(**4407**-0) Von K. Schreiner, 256 S., durchgehend zweifarbig, Pappband. ●●●●

Richtiges Deutsch Rechtschreibung · Zeichensetzung · Grammatik · Stilkunde.
(**0551**-2) Von K. Schreiner, 128 S., 7 Zeichnungen, kart. ●

Besseres Deutsch
Mit Übungen und Beispielen für Rechtschreibung, Diktate, Zeichensetzung, Aufsätze, Grammatik, Literaturbetrachtung, Stil, Briefe, Fremdwörter, Reden.
(**4115**-2) Von K. Schreiner, 444 S., 7 s/w-Fotos, 27 Zeichnungen, Pappband. ●●●

Richtige Zeichensetzung
durch neue, vereinfachte Regeln. Erläuterungen der Zweifelsfragen anhand vieler Beispiele.
(**0744**-4) Von Prof. Dr. Ch. Stetter, 160 S., kart. ●

Diktate besser schreiben
Übungen zur Rechtschreibung für die Klassen 4 bis 8
(**0469**-9) Von K. Schreiner, 152 S., 31 Zeichnungen, kart. ●●

Deutsche Grammatik
Ein Lern- und Übungsbuch
(**0704**-3) Von K. Schreiner, 122 S., kart. ●

Aufsätze besser schreiben
Förderkurs für die Klassen 4 – 10
(**0429**-X) Von K. Schreiner, 144 S., 31 Abb., kartoniert. ●●

Mehr Erfolg in der Schule
Der Deutschaufsatz
Übungen und Beipiele für die Klassen 5-10.
(**4271**-X) Von K. Schreiner, 240 S., 4 s/w-Fotos, 51 Zeichnungen, Pappband. ●●●

Mehr Erfolg in der Schule
Deutsch
Textinterpretation, Literaturgeschichte und Stilkunde
(**4483**-6) Von K. Schreiner, 272 S., 43 zweifarbige Zeichnungen, Pappband. ●●●

Mehr Erfolg in der Schule **Mathematik 1**
Arithmetik und Algebra. Übungen, Beispiele und Lösungen für die Klassen 5 bis 10.
(**4420**-8) Von R. Müller-Fonfara, 256 S., 193 Zeichn., 2 s/w-Fotos, Pappband. ●●●

Mehr Erfolg in der Schule
Mathematik 2
Geometrie, Statistik, Wahrscheinlichkeitsrechnung und kaufmännisches Rechnen
(**4456**-9) Von R. Müller-Fonfara, W. Scholl, 256 S., 6 s/w-Fotos, 304 Zeichnungen, Pappband. ●●●

Mathematische Formeln für Schule und Beruf
Mit Beispielen und Erklärungen.
(**0499**-0) Von R. Müller-Fonfara, 156 S., 210 Zeichnungen, kart. ●

Schülerlexikon der Mathematik
Formeln, Übungen und Begriffserklärungen für die Klassen 5 – 10
(**0430**-3) Von R. Müller-Fonfara, 176 S., 96 Zeichnungen, kart. ●

Mathematik-Textaufgaben leicht gelöst
Aufgaben · Lösungsstrategien · Anwendungsbeispiele
(**1022**-2) Von R. Müller-Fonfara, 128 S., 4 Zeichnungen, kartoniert. ●●

Rechnen aufgefrischt für Schule und Beruf.
(**0100**-2) Von H. Rausch, 144 S., kart. ●

FALKEN-Software
Wirtschaftsrechnen in Beruf und Alltag
(**7037**-3) Diskette für IBM-PC und Kompatible, mit Begleitheft. ●●●●●*

Mehr Erfolg in der Schule
Physik
Mechanik · Wärmelehre · Optik · Elektrizität · Atomphysik
(**4448**-8) Von Dr. T. Neubert, 240 S., 219 Zeichnungen, Pappband. ●●●

Physik verständlich
Förderkurs für die Klassen 7 bis 10
(**0926**-7) Von Dr. Th. Neubert, 136 S., 146 s/w-Zeichnungen, 166 Aufgaben, kart. ●●

Besseres Englisch
Grammatik und Übungen für die Klassen 5 bis 10.
(**0745**-0) Von E. Henrichs, 144 S., kart. ●●

Mehr Erfolg in der Schule
Englische Grammatik
Regeln und Übungen für die Klassen 5 bis 13
(**4431**-3) Von E. Henrichs-Kleinen, 256 S., durchgehend zweifarbig, Pappband. ●●●

FALKEN-Software
Business English for Secretaries
Lernen und üben in berufsbezogenen Situationen (**7035**-7) Diskette 5 1/4″ für IBM-PC + Kompatible, mit Begleitbroschüre.
(**7059**-4) Diskette 3 1/2″ für IBM-PC + Kompatible, mit Begleitbroschüre. ●●●●●*

FALKEN-Software
The Grammar-Master
Englische Grammatik üben und beherrschen
(**7002**-0) Diskette für den C 64/C 128 PC ●●●●*
(**7030**-6) Diskette für IBM-PC + Kompatible, mit Begleitheft. ●●●●● *
(**7031**-4) Diskette für Atari ST 520/1040, mit Begleitheft. ●●●●● *
(**7032**-2) Diskette für Amiga, mit Begleitheft. ●●●●●*

FALKEN-Software
Vokabeltrainer Englisch
Von B. Hoppius. **(7001**-2) 2 Disketten für C 64/C 128 PC mit Begleitheft. ●●●●●*
(7007-1) Wendediskette für Atari ST 520/1040, mit Begleitheft. ●●●●●*
(7034-9) Diskette 5 1/4″ für IBM-PC + Kompatible, mit Begleitheft. ●●●●●*
(7084-5) Diskette 3 1/2″ für IBM-PC + Kompatible, mit Begleitheft. ●●●●●*
FALKEN-Software
Vokabeltrainer Französisch
Über 2000 Vokabeln und Redewendungen frei erweiterbar
(7018-7) Systemdiskette u. Wendediskette für C 64/C 128 PC, mit Begleitheft, **(7019**-5) Diskette 5 1/4″ für IBM-PC und Komp., mit Begleitheft. ●●●●●*
FALKEN-Software
Je finis, tu finis...
maîtrisez la grammaire française
Französische Grammatik lernen und beherrschen
(7053-5) Diskette 5 1/4″ für IBM-PC + Kompatible, mit Begleitbroschüre. ●●●●●*
(7069-1) Diskette 3 1/2″ für IBM-PC + Kompatible, mit Begleitbroschüre. ●●●●*
FALKEN-Software
Le monde des affaires en français
Wirtschaftsfranzösisch leicht gelernt
(7064-3) Diskette 5 1/4″ für IBM-PC + Kompatible, mit Begleitbroschüre. ●●●●*
(7068-3) Diskette 3 1/2″ für IBM-PC + Kompatible, mit Begleitbroschüre. ●●●●*
FALKEN-Software
Besseres Französisch
Grammatik und Übungen für die Klassen 9 bis 11
(1039-7) Von R. Lübke, 114 S., durchgehend zweifarbig, kartoniert. ●●
FALKEN-Software
Vokabeltrainer Italienisch
Über 2000 Vokabeln und Redewendungen frei erweiterbar
(7065-9) Diskette 5 1/4″ für IBM-PC + Kompatible, mit Begleitbroschüre. ●●●●●*
(7064-0) Diskette 3 1/2″ für IBM-PC + Kompatible, mit Begleitbroschüre. ●●●●*
FALKEN-Software
Vokabel Trainer Latein
Über 2000 Vokabeln und Redewendungen frei erweiterbar
(7022-5) Von B. Hoppius, Wendediskette für C 64/C 128 PC, mit Begleitheft. ●●●●●*
(7033-0) Diskette 5 1/4″ für IBM-PC + Kompatible, mit Begleitheft. ●●●●●*
(7085-3) Diskette 3 1/2″ für IBM-PC + Kompatible, mit Begleitheft. ●●●●●*
Schnell und sicher zum Führerschein
Tips und Tricks aus 30jähriger Fahrschul-Praxis.
(0921-6) Von O. Einert, 152 S., 156 Farbfotos, 161 z. T. farb. Zeichnungen, kart. ●●
FALKEN-Software
Schnell und sicher zum Führerschein
Intensivtraining mit dem amtlichen Fragenkatalog
(7024-1) Diskette für Atari ST 520/1040, mit Begleitheft. ●●●●●*
(7029-2) Diskette für Amiga, mit Begleitheft. ●●●●*
Erfolgreiche Bewerbung um einen Ausbildungsplatz
(0715-9) Von H. Friedrich, 128 S., kart. ●
Bewerbungsstrategien
Erfolgreiche Konzepte für Karrierebewußte
(1027-5) Von Dr. W. Reichel, 128 S., kartoniert. ●●

Karriereplanung mit System
Bewerbungsstrategien für erfolgsorientierte Frauen
(4455-0) Von R. Ibelgaufts, 144 S., 20 Cartoons, Pappband. ●●
Die Bewerbung
Der moderne Ratgeber für Bewerbungsbriefe, Lebenslauf und Vorstellungsgespräche.
(4138-1) Von W. Manekeller, 264 S., Pappband. ●●●
Die erfolgreiche Bewerbung
Bewerbung und Vorstellung
(0173-8) Von W. Manekeller, U. Schoenwald, 144 S., kartoniert. ●●
Lebenslauf und Bewerbung
Beispiele für Inhalt, Form und Aufbau
(0428-1) Von H. Friedrich, 112 S., kart. ●
Erfolgreiche Bewerbungsbriefe und Bewerbungsformen
(0138-X) Von W. Manekeller, U. Schoenwald, 88 S., kart. ●
Vorstellungsgespräche
sicher und erfolgreich führen.
(0636-5) Von H. Friedrich, 144 S., kart. ●
Keine Angst vor Einstellungstests
Ein Ratgeber für Bewerber.
(0793-6) Von Ch. Titze. 120 S., 67 Zeichnungen, kart. ●
FALKEN-Software
Einstellungstests
(7013-6) Von B. Hoppius, Wendediskette für C 64/C 128 PC, mit Begleitheft ●●●●●*
Die ersten Tage am neuen Arbeitsplatz
Ratschläge für den richtigen Umgang mit Kollegen und Vorgesetzten
(0855-4) Von H. Friedrich, 104 S., kart. ●
Zeugnisse im Beruf
richtig schreiben, richtig verstehen
(0544-X) Von H. Friedrich, 112 S., kart. ●
So lernt man leicht und schnell
Maschinenschreiben
Lehrbuch für Schulen, Lehrgänge und Selbstunterricht. **(0568**-7) Von M. Kempkes, 112 S., 48 Zeichnungen, kart. ●●
FALKEN-Software
Maschinenschreiben und Tastaturtraining für Computer
(7009-8) Von B. Hoppius, Diskette 5 1/4″ u. 3 1/2″ für IBM-PC + Kompatible, mit Begleitheft. ●●●●●*
Maschinenschreiben im Selbstunterricht
(0170-3) Von A. Fonfara, 88 S., kart. ●
Buchführung leicht gemacht
Ein methodischer Grundkurs für den Selbstunterricht. **(4238**-8) Von D. Machenheimer, R. Kersten, 252 S., Pappband. ●●●●
Buchführung leicht gefaßt
Für Handwerker, Gewerbetreibende und freiberuflich Tätige. **(0127**-4) Von R. Pohl, 104 S., kart. ●
Stenografie leicht gelernt
im Kursus oder Selbstunterricht
(0266-1) Von H. Kaus, 64 S., kart. ● .
Gitarre spielen
Ein Grundkurs für den Selbstunterricht
(0534-2) Von A. Roßmann, 96 S., 1 Schallfolie, 150 Zeichnungen, kart. ●●●
Das große Buch der Antworten auf Kinderfragen
(4477-1) Von H. Hofmann, Ü. Kopp, G. Jankovics u. a., 192 S., 308 Farbzeichnungen, Pappband. ●●●
Das neue, farbige Jugendlexikon
(4472-0) Von J. Frey, D. Rex, 304 Seiten, 269 Farb- u. 52 s/w-Fotos, 6 Farbzeichn., Pappband. ●●●
Das große farbige Kinderlexikon
(4195-0) Von U. Kopp, 320 S., 493 Farbabb. 17 s/w-Fotos, Pappband. ●●●

Die Faszination der Philatelie
Briefmarken sammeln
(4273-6) Von D. Stein, 212 S., 124 s/w-Fotos, 24 Farbtafeln, Pappband. ●●●
Briefmarken sammeln
(0481-8) Von D. Stein, 120 S., 4 Farbtafeln, 98 s/w-Abbildungen, kartoniert. ●
Pfeiferauchen leicht gemacht
Die richtige Art, Tabak zu genießen
(1026-5) Von O. Pollner, 112 S., 125 Farbfotos, 5 zweifarbige-Abb., kart. ●●
Umweltschutz
Das Öko-Testbuch zur Eigeninitiative
(4160-8) Von M. Häfner, 352 S., 411 Farbfotos, 152 Farbzeichnungen, Pappband. ●●●●
Münzen
Ein Brevier für Sammler.
(0353-6) Von D. Dehnke, 128 S., 4 Farbtafeln, 17 s/w-Abb., kart. ●●
Astronomie im Bild
Unser Sternenhimmel rund ums Jahr
(0849-X) Von Dr. E. Übelacker, 88 S., 48 Farbtafeln, 1 s/w-Foto, 68 Farbzeichn., kart. ●●
Astronomie als Hobby
Sternbilder und Planeten erkennen und benennen.
(0572-5) Von D. Block, 176 S., 16 Farbtafeln, 49 s/w-Fotos, 93 Zeichnungen, kart. ●●
Die Handschrift als Spiegel des Charakters
Graphologie
(1025-7) Von Dr. W. Busch, 104 S., 87 Schriftproben, kartoniert. ●
Familienforschung · Ahnentafel · Wappenkunde
Wege zur eigenen Familienchronik
(0744-2) Von P. Bahn, 128 S., 8 Farbtafeln, 30 Abbildungen, kart. ●●
Familienforschung und Wappenkunde
(4485-2) Von P. Bahn, 224 S., 114 zweifarbige Abbildungen, Pappband. ●●●●
Wie Sie im Schlaf das Leben meistern
Schöpferisch träumen
Der Klartraum als Lebenshilfe
(4258-2) Von Prof. D. P. Tholey, 20 Zeichn., 280 S., 1 s/w-Foto, Pappband. ●●●
Traumdeutung
Die Bildersprache unserer Traumwelt entschlüsseln
(4486-0) Von G. Fink, 384 S., 74 zweifarbige Fotos, Pappband. ●●●
Wahrsagen mit Tarot-Karten
(0482-6) Von E. J. Nigg, 112 S., 52 s/w-Abb., Pappband. ●●
Die 12 Tierzeichen
Chinesisches Horoskop
(0423-0) Von G. Haddenbach, 88 S., kartoniert. ●
Die 12 Sternzeichen
Charakter, Liebe und Schicksal.
(0385-4) Von G. Haddenbach, 136 S., kart. ●●
Partnerschaftshoroskop
Glück und Harmonie mit Ihrem Traumpartner.
(0587-3) Von G. Haddenbach, 112 S., 17 Zeichnungen, kart. ●
Im Zeichen der Sterne
(0951-6) Der feurige Widder
(0952-6) Der willensstarke Stier
(0953-4) Die vielseitigen Zwillinge
(0954-2) Der einfühlige Krebs
(0955-0) Der königliche Löwe
(0956-9) Die charmante Jungfrau
(0957-7) Die charmante Waage
(0958-5) Der leidenschaftliche Skorpion
(0959-3) Der temperamentvolle Schütze
(0960-7) Der treue Steinbock
(0961-5) Der wißbegierige Wassermann
(0962-3) Die romantischen Fische
Von G. Haddenbach, 64 S., 35 Farbfotos, Pappband. ●

13

Humor und Unterhaltung

Heitere Vorträge
(**0528**-8) Von E. Müller, 128 S., 14 Zeichnungen, kart. ●

So feiert man Feste fröhlicher
Heitere Vorträge und Gedichte
(**0098**-7) Von Dr. Allos, 96 S., 15 Abb., kart. ●

Heitere Vorträge und witzige Reden
Lachen, Witz und gute Laune
(**0149**-5) Von E. Müller, 104 S., 44 Abb., kart. ●

Da lacht das Publikum
Neue lustige Vorträge für viele Gelegenheiten.
(**0716**-7) Von H. Schmalenbach, 96 S., kart. ●

Gereimte Vorträge
für Bühne und Bütt.
(**0567**-9) Von G. Wagner, 96 S., kart. ●

Narren in der Bütt
Leckerbissen aus dem rheinischen Karneval.
(**0216**-5) Zusammengestellt von T. Lücker, 112 S., kart. ●

Damen in der Bütt
Scherze, Büttenreden, Sketche
(**0354**-4) Von T. Müller, 136 S., kart. ●

Wir feiern Karneval
Festgestaltung und Reden für die närrische Zeit.
(**0904**-6) Von M. Zweigler, 120 S., 7 Zeichnungen, kart. ●

Helau und Alaaf 1 Närrisches aus der Bütt.
(**0304**-8) Von E. Müller, 112 S., 4 Zeichnungen, kart. ●

Helau und Alaaf 2
Neue Büttenreden für Sie und Ihn
(**0477**-X) Von E. Luft, 96 S., kart. ●

Helau und Alaaf 3
Neue Reden für die Bütt.
(**0832**-5) Von H. Fauser, 112 S., 13 Zeichnungen, kart. ●

Helau und Alaaf 4
Neue Büttenreden für Sie und Ihn
(**0983**-6) Hrsg. H. Fauser, 96 S., 15 s/w-Zeichn., zahlreiche Vignetten, kart. ●

Sketche und Blackouts zum Nachspielen
(**0941**-0) Von E. Cohrs, 112 S., 12 Zeichnungen, kart. ●

Vorhang auf!
Neue Sketche für jung und alt.
(**0898**-8) Von H. Pillau, 96 S., 22 Zeichnungen, kart. ●

Witzige Sketche zum Nachspielen
(**0511**-3) Von D. Hallervorden, 112 S., kart. ●●

Tolle Sketche
mit zündenden Pointen – zum Nachspielen.
(**0656**-X) Von E. Cohrs, 112 S., kart. ●

Vergnügliche Sketche
(**0476**-1) Von H. Pillau, 96 S., 7 Zeichn., kart. ●

Lustige Sketche
Kurze Theaterstücke für Jungen und Mädchen
(**0669**-1) Von U. Lietz, U. Lange, 96 S., kart. ●

Spielbare Witze für Kinder
(**0824**-4) Von H. Schmalenbach, 112 S., 30 Zeichnungen, kart. ●

Die besten Beamtenwitze
(**0574**-1) Von W. Pröve, 80 S., 39 Zeichnungen, kart. ●

Witzig, witzig
(**0507**-5) Von E. Müller, 128 S., 16 Zeichnungen kart. ●

Die besten Kinderwitze
(**0757**-4) Von K. Rank, 112 S., 28 Zeichnungen, kart. ●

Lach mit!
Witze für Kinder, gesammelt von Kindern.
(**0468**-0) Von W. Pröve, 96 S., 17 Zeichnungen, kart. ●

Spiele und Denksport

Neues Buch der siebzehn und vier Kartenspiele
(**0095**-2) Von K. Lichtwitz, 96 S., kart. ●

Alles über Pokern
Regeln und Tricks.
(**2024**-4) Von C. D. Grupp, 112 S., 29 Kartenbilder, kart. ●

Romme' und Canasta
in allen Variationen.
(**2025**-2) Von C. D. Grupp, 88 S., 24 Zeichnungen, kart. ●

Doppelkopf, Schafkopf, Binokel, Cego, Tarock und andere Stammtischspiele.
(**2015**-5) Von C. D. Grupp, 112 S., kart. ●

Black Jack
Regeln und Strategien des Kasinospiels.
(**2032**-3) Von K. Kelbratowski, 88 S., kart. ●

Spielend Skat lernen
unter freundlicher Mitarbeit des Deutschen Skatverbandes.
(**2005**-8) Von Th. Krüger, 120 S., 181 s/w-Fotos, 22 Zeichn., kart. ●

Patiencen
In Wort und Bild. (**2003**-1) Von I. Wolter-Rosendorf, 120 S., kart. ●

Neue Patiencen
(**2036**-8) Von H. Sosna, 160 S., 43 Farbtafeln, kart. ●●

Falken-Handbuch Bridge
Von den Grundregeln zum Turnierspiel.
(**4092**-X) Von W. Voigt und K. Ritz, 280 S., 792 Zeichnungen, gebunden. ●●●●

Spielend Bridge lernen
(**2012**-0) Von J. Weiss, 96 S., 58 Zeichnungen, kart. ●

Präzisions-Treff im Bridge
(**2037**-6) Von E. Jannersten, 152 S. kart. ●●

Spieltechnik im Bridge
(**2004**-X) Von V. Mollo und N. Gardener, deutsche Adaption von D. Schröder, 152 S., kart. ●●●

Neue Kartentricks
(**2027**-9) Von K. Pankow, 104 S., 20 Abb., kart. ●

Das japanische Brettspiel Go
(**2020**-1) Von W. Dörholt, 104 S., 182 Diagramme, kart. ●

Mah-Jongg
Das chinesische Glücks-, Kombinations- und Gesellschaftsspiel. (**2030**-9) Von U. Eschenbach, 80 S., 30 s/w-Fotos, 5 Zeichn., kart. ●

Backgammon
für Anfänger und Könner. (**2008**-2) Von G. W. Fink und G. Fuchs, 104 S., 41 Abb., kart. ●

Das Backgammon-Handbuch
(**4422**-4) Von E. Heyken, M. B. Fischer, 232 S., 400 Abbildungen, Pappband. ●●●●

Würfelspiele
für jung und alt. (**2007**-4) Von F. Pruss, 112 S., 21 s/w-Zeichnungen, kart. ●

Roulette richtig gespielt
Systemspiele, die Vermögen brachten.
(**0121**-5) Von M. Jung, 96 S., zahlreiche Tabellen, kart. ●

Spiele für Party und Familie
(**2014**-7) Von Rudi Carrell, 80 S., 22 Zeichnungen, kart. ●

Neue Spiele für Ihre Party
(**2022**-8) Von G. Blechner, 120 S., 54 Zeichnungen, kartoniert. ●

Lustige Tanzspiele und Scherztänze
für Partys und Feste.
(**0165**-7) Von E. Bäulke, 80 S., 53 Abb., kart. ●

Das Spiel mit der Schwerkraft
Jonglieren
Mit Bällen, Keulen, Ringen und Diabolo.
(**1009**-5) Von S. Peter, 80 S., 149 Farbfotos, kartoniert. ●●

Magische Zaubereien
(**0672**-1) Von W. Widenmann, 64 S., 31 Zeichnungen, kart. ●

Zaubern
einfach – aber verblüffend.
(**2018**-X) Von D. Bouch, 84 S., 41 Zeichnungen, kart. ●

Scherzfragen, Drudel und Blödeleien
gesammelt von Kindern.
(**0506**-7) Hrsg. von W. Pröve, 80 S., 57 Zeichnungen, kart. ●

Kinderspiele
die Spaß machen.
(**2009**-0) Von H. Müller-Stein, 104 S., 28 Abb., kart. ●

Kinderspiele mit Buchstaben und Wörtern
(**1041**-9) Von Dr. U. Vohland, 96 S., 53 Zeichnungen, kartoniert. ●

Spiel und Spaß am Krankenbett
für Kinder und die ganze Familie.
(**2035**-X) Von H. Bücken, 96 S., 97 Zeichnungen, kart. ●

Spiele im Freien
(**2038**-4) Von G. Wagner, 88 S., 20 zweif. Zeichnungen, kartoniert. ●

Spiel und Spaß zu Hause
(**2039**-2) Von U. Geißler, 80 S., 90 zweifarbige Abbildungen, kart. ●

Spiel und Spaß auf Reisen
Für Kinder und die ganze Familie
(**1085**-0) Von U. Geißler, 80 S., 107 zweifarbige Zeichnungen, kart. ●

Guten Tag, Kinder!
Neue Texte mit Spielanleitungen fürs Kasperletheater. (**0861**-9) Von U. Lietz, 96 S., 18 s/w-Zeichnungen, kart. ●

Kasperletheater
Spieltexte und Spielanleitungen · Basteltips für Theater und Puppen.
(**0641**-1) Von U. Lietz, 114 S., 4 Farbtafeln, 12 s/w-Fotos, 39 Zeichnungen, kart. ●

Kindergeburtstage, die keiner vergißt
Planung, Gestaltung, Spielvorschläge.
(**0698**-5) Von G. und G. Zimmermann, 104 S., 80 Zeichn., kart. ●

Kindergeburtstag
Vorbereitung, Spiel und Spaß.
(**0287**-4) Von Dr. I. Obrig, 136 S., 40 Abb., 11 Zeichnungen, 9 Lieder mit Noten, kart. ●

Unvergeßliche Kinderfeste
Tolle Dekorationen, Spiele, Sketche für drinnen und draußen
(**4457**-7) Von Dr. G. Hennekemper, 192 S., 111 Farbfotos, 214 Farb- und 14 s/w-Zeichnungen, 4 Seiten Schnittmuster, Pappband. ●●●

Knobeleien und Denksport
(**2019**-8) Von K. Rechberger, 142 S., 105 Zeichnungen, kart. ●

Das Super-Kreuzwort-Rätsel-Lexikon
Über 150.000 Begriffe.
(**4279**-5) Von H. Schiefelbein, 688 S., Pappband. ●●

Computerbücher und Software

FALKEN Computer Lexikon
(**4185**-3) 312 S., 173 s/w-Fotos, Pappband. ●●●

Computer-Grundwissen
Eine Einführung in Funktion und Einsatzmöglichkeiten. (**4359**-7) Von Chr. T. Wolff, 176 S., 193 Farb- und 12 s/w-Fotos, 37 Computergrafiken, kartoniert. ●●● (**4358**-9) Pappband. ●●●●

Daten-Fernübertragung
Vom Akustikkoppler bis zum lokalen Netzwerk
(**4325**-2) Von P. C. den Heijer, R. Tolsma, 272 S., zahlreiche Abb., kartoniert. ●●●●●

Microsoft Excel
Tabellenkalkulationen, Geschäftsgrafik und Datenbank im Selbststudium für alle Versionen bis 2.1. Mit Tutor-Diskette.
(**4333**-3) Von P. Vogel, M. Hofmann, 176 S., 112 vierfarbige Abb., kartoniert. ●●●●●

Desktop Publishing: Typografie und Layout
Seiten gestalten am PC · für Einsteiger und Profis
(**4330**-9) Von Dr. H. D. Baumann, M. Klein, 320 S., zahlreiche zweifarbige Abb., Pappband. ●●●●●

Einführung in Pascal
Garantiert Pascal lernen durch schrittweise Erarbeitung
(**4329**-5) Von R. Röder, 270 S., durchgehend zweifarbig, Pappband. ●●●●●

Einführung in C
(**4336**-8) Von A. Janka, P. Welzig, 270 S., zahlreiche Abbildungen, mit Begleitdiskette 5 1/4″, Pappband. ●●●●●

PC HELP!
CONFIG.SYS und AUTOEXEC.BAT
Optimale Systemkonfiguration
(**4338**-4) Von A. Görgens, 64 S., ca. 50 s/w-Abbildungen und Grafiken, kartoniert. ●●

PC HELP!
DOS-Kommandos richtig nutzen
(**4339**-2) Von A. Görgens, 64 S., ca. 50 s/w-Abbildungen und Grafiken, kartoniert. ●●

PC HELP!
Dateien retten mit Norton Utilities und PC-Tools
(**4340**-6) Von A. Görgens, 64 S., ca. 50 s/w-Abbildungen und Grafiken, kartoniert. ●●

PC HELP!
Batch-Dateien – DOS-Abläufe selber festlegen
(**4341**-4) Von A. Görgens, 64 S., ca. 50 s/w-Abbildungen und Grafiken, kartoniert. ●●

PC HELP!
Word – Serienbriefe
(**4342**-2) Von P. Vogel, 64 S., ca. 50 s/w-Abbildungen und Grafiken, kartoniert. ●●

PC HELP!
Geschäftsgrafiken mit Lotus 1-2-3
(**4343**-0) Von P. Vogel, 64 S., ca. 50 s/w-Abbildungen und Grafiken, kartoniert. ●●

PC HELP!
Die ersten Schritte mit dem PC
(**4344**-9) Von P. Vogel, H. Ebsen, 64 S., ca. 50 s/w-Abbildungen und Grafiken, kart. ●●

PC HELP!
Mehr Speicher unter DOS nutzen
(**4345**-2) Von K. O. Kuhl, 64 S., ca. 50 s/w-Abbildungen und Grafiken, kartoniert. ●●

PC HELP!
Viren erkennen und beseitigen
(**4346**-5) Von M. Hofmann, 64 S., ca. 50 s/w-Abbildungen und Grafiken, kartoniert. ●●

PC HELP!
dBASE-Relationen richtig nutzen
(**4347**-3) Von M. Hofmann, 64 S., ca. 50 s/w-Abbildungen und Grafiken, kartoniert. ●●

PC HELP!
Termine steuern mit FRAMEWORK III
(**4348**-1) Von M. Hofmann, 64 S., ca. 50 s/w-Abbildungen und Grafiken, kartoniert. ●●

PC HELP!
Listendruck mit dBASE und kompatiblen Programmen
(**4349**-X) Von M. Hofmann, 64 S., ca. 50 s/w-Abbildungen und Grafiken, kartoniert. ●●

FALKEN Software
Einstellungstets
Die optimale Vorbereitung für Bewerber
(**7013**-6) Wendediskette für C 64/C 128 PC, mit Begleitheft. ●●●●*

FALKEN Software
Schnell und sicher zum
Führerschein
Intensivtraining mit dem amtlichen Fragenkatalog
(**7024**-1) für Atari ST 520/1040, mit Begleitheft. ●●●●*
(**7029**-2) f. Amiga, mit Begleitheft. ●●●●*

FALKEN Software
Maschinenschreiben und Tastaturtraining für Computer
(**7009**-8) Von B. Hoppius, Diskette 5 1/4″ u. 3 1/2″ für IBM PC + Kompatible, mit Begleitheft. ●●●●*

FALKEN Software
Musterkorrespondenz in Deutsch, Englisch, Französisch, Italienisch, Spanisch
(**7041**-1) Diskette 5 1/4″ für IBM-PC + Kompatible, mit Begleitbroschüre. ●●●●*
(**7051**-9) Diskette 3 1/2″ für IBM-PC + Kompatible, mit Begleitbroschüre. ●●●●*

FALKEN Software
TEXAD
Text- und Adressenverwaltung
Mit Musterbriefen und Formularen für den privaten und geschäftlichen Bereich
(**7017**-9) für IBM-PC und Kompatible, Disk. 5 1/4″, mit Begleitheft. ●●●●*
(**7048**-9) Diskette 3 1/2″, mit Handbuch. ●●●●*
(**7049**-7) Demo-Version 5 1/4″, ohne Handbuch. ●●
(**7050**-0) Demo-Version 3 1/2″, ohne Handbuch. ●●

FALKEN Software
DOS-Tutor
DOS lernen, üben und beherrschen
(**7020**-9) Diskette 5 1/4″ für IBM PC + Kompatible, mit Begleitheft. ●●●●*
(**7021**-7) Diskette 3 1/2″ für IBM PC + Kompatible, mit Begleitheft. ●●●●*

FALKEN Software
Wirtschaftsrechnen in Beruf und Alltag
(**7037**-3) Diskette für IBM PC + Kompatible, mit Begleitheft. ●●●●*

FALKEN Software
Vokabeltrainer Englisch
Über 2000 Vokabeln und Redewendungen
(**7001**-2) Disk. für C 64/C 128 PC, mit Begleitheft ●●●●*
(**7007**-1) Disk. für Atari ST 520/1040, mit Begleitheft. ●●●●*

FALKEN Software
Take a Trip to Britain
Spielend Englisch lernen mit dem Computer
(**7004**-7) Diskette für C 64/C 128 PC, mit Begleitheft. ●●●●*
(**7039**-X) Diskette 5 1/4″ für IBM-PC + Kompatible, mit Begleitheft. ●●●●*

FALKEN Software
The Grammar Master
(**7002**-0) Diskette für C 64/C 128 PC, mit Begleitheft. ●●●*

(**7030**-6) für IBM PC + Kompatible, mit Begleitheft. ●●●●*
(**7031**-4) für Atari ST 520/1040, mit Begleitheft. ●●●●*
(**7032**-2) für Amiga, mit Begleitheft. ●●●●*

FALKEN Software
From Coast to Coast
Travelling through the USA
(**7040**-3) Diskette 5 1/4″ für IBM-PC + Kompatible, mit Begleitbroschüre. ●●●●*
(**7061**-6) Diskette 3 1/2″ für IBM-PC + Kompatible, mit Begleitbroschüre. ●●●●*

FALKEN Software
Vokabeltrainer Französisch
Über 2000 Vokabeln und Redewendungen frei erweiterbar.
(**7018**-7) Systemdisk. + Wendedisk. für C 64/C 128 PC, mit Begleitheft. (**7019**-5) Disk. für IBM-PC + Kompatible, mit Begleitheft. ●●●●*

FALKEN Software
Je finis, tu finis ... maîtrisez la grammaire française
Französische Grammatik lernen und beherrschen
(**7053**-5) Diskette 5 1/4″ für IBM-PC + Kompatible, mit Begleitbroschüre. ●●●●*
(**7069**-1) Diskette 3 1/2″ für IBM-PC + Kompatible, mit Begleitbroschüre. ●●●●*

Le monde des affaires en français
Wirtschaftsfranzösisch leicht gelernt
(**7054**-3) Diskette 5 1/4″ für IBM-PC + Kompatible, mit Begleitbroschüre. ●●●●*
(**7068**-3) Diskette 3 1/2″ für IBM-PC + Kompatible, mit Begleitbroschüre. ●●●●*

FALKEN Software
Vokabeltrainer Italienisch
Über 2000 Vokabeln und Redewendungen frei erweiterbar.
(**7065**-9) Diskette 5 1/4″ für IBM-PC + Kompatible, mit Begleitbroschüre. ●●●●*
(**7064**-0) Diskette 3 1/2″ für IBM-PC + Kompatible, mit Begleitbroschüre. ●●●●*

FALKEN Software
Vokabeltrainer Latein
Über 2000 Vokabeln und Redewendungen frei erweiterbar.
(**7022**-5) Von B. Hoppius, 2 Wendedisketten für C 64/C 128 PC, mit Begleitheft.
(**7033**-0) Diskette für IBM-PC + Kompatible, mit Begleitheft. ●●●●*

FALKEN Software
Börsenfieber
Spielend spekulieren mit Geld und Aktien
(**7016**-0) für IBM PC + Kompatible, Diskette 5 1/4″, mit Begleitheft. ●●●●*
(**7026**-8) für C 64/C 128 PC mit Begleitheft,
(**7027**-6) für Atari ST 520/1040, mit Begleitheft. ●●●●*
(**7028**-4) für Amiga, mit Begleitheft. ●●●●*
(**7044**-6) für IBM PC + Kompatible, Diskette 3 1/2″, mit Begleitheft. ●●●●*
(**7038**-1) für C 64/128 C Kassette, mit Begleitheft. ●●●●*

FALKEN Software
Börsenfieber
Über 100 neue Ereignisse
(**7066**-7) Diskette 5 1/4″ für IBM-PC + Kompatible, mit Begleitbroschüre. ●●●*
(**7067**-5) Diskette 3 1/2″ für IBM-PC + Kompatible, mit Begleitbroschüre. ●●●*

FALKEN Software
Broker King
Cash and crash an der Terminbörse
(**7057**-8) Diskette 5 1/4″ für IBM-PC + Kompatible, mit Begleitbroschüre. ●●●●*
(**7058**-6) Diskette 3 1/2″ für IBM-PC + Kompatible, mit Begleitbroschüre. ●●●●*

Video

Hobby Aquarellmalen
Landschaft und Stilleben
(6022-X) VHS, 40 Min., in Farbe, mit Begleitheft. ●●●●*

Hobby Ölmalerei
Landschaft und Stilleben
(6025-4) VHS, 40 Min., in Farbe, mit Begleitheft. ●●●●*

Basteln mit Kindern
(6041-6) VHS, 60 Min., in Farbe, mit Vorlagen in Originalgröße, mit Begleitheft. ●●●*

Die Modelleisenbahn
Anlagenbau in Modultechnik
(6028-9) VHS, 30 Min., in Farbe. ●●●●*

Fit und Gesund
Körpertraining und Bodybuilding zu Hause
(6013-0) VHS, 30 Min., in Farbe, mit Begleitheft. ●●●●*

Golf
(6053-X) VHS, 60 Min., in Farbe, mit Begleitheft. ●●●●●*

Pflanzenjournal
Blumen- und Pflanzenpflege im Jahreslauf
(6036-X) VHS, 30 Min., mit Begleitheft. ●●●●*

Schnitt und Pflege von Bäumen und Sträuchern
(6050-5) VHS, 45 Min., in Farbe, mit Begleitheft. ●●●●*

Aktfotografie
Gestaltung/Technik/Spezialeffekte
Interpretationen zu einem unerschöpflichen Thema
(6001-7) VHS, 60 Min., in Farbe, mit Begleitheft. ●●●●●*

Videografieren
Technik/Bildgestaltung/Schnitt/Vertonung, Filmen mit Video 8
(6031-9) VHS, 60 Min., in Farbe, mit Begleitheft. ●●●●●*

Videografieren perfekt
Profitricks für Aufnahmetechnik und Nachbearbeitung
(6042-4) VHS, (6043-2) Beta, (6044-4) Video 8, 60 Min., in Farbe, mit Begleitheft. ●●●●●*

Streicheleinheiten für Körper und Seele
Partnermassage
(6051-3) VHS, 45 Min., in Farbe, mit Begleitheft. ●●●●*

Reiseziel New York
Die schönsten Sehenswürdigkeiten, präzise Informationen, praktische Tips
(6048-3) VHS, 60 Min., in Farbe, mit Begleitheft. ●●●●*

Reiseziel Kalifornien
San Franzisko und die schönsten Ziele in Kalifornien.
Präzise Informationen und praktische Tips
(6049-1) VHS, 60 Min., in Farbe, mit Begleitbroschüre. ●●●●●*

Reiseziel Florida
(6054-8) VHS, 60 Min., in Farbe, mit Begleitheft. ●●●●*

Reiseziel Hawaii
Das Paradies im Stillen Ozean
(6063-7) VHS, ca. 60 Min., in Farbe, Timecode, Kompaktreiseführer mit Panoramakarte im Taschenformat. ●●●●●*

Info-Tour USA
Die Highlights aus dem FALKEN Reiseprogramm
(6060-2) VHS, 30 Min., in Farbe, mit Begleitheft. ●*

Reiseziel USA
(6055-6) VHS, 60 Min., in Farbe, mit Begleitheft. ●●●●●*

Reiseziel Irland
(6059-9) VHS, 60 Min., in Farbe, mit Begleitheft. ●●●●*

Reiseziel Norwegen
Rundreise zu den schönsten Fjorden, präzise Informationen, praktische Tips.
(6058-0) VHS, ca. 60 Min., in Farbe, Timecode, Kompaktreiseführer mit Panoramakarte im Taschenformat. ●●●●*

Reiseziel Kanarische Inseln
Schöne Strände, interessante Exkursionen
(6064-5) VHS, ca. 60 Min., in Farbe, Timecode, Kompaktreiseführer mit Panoramakarte im Taschenformat. ●●●●*

Reiseziel Thailand
(6065-3) VHS, ca. 60 Min., in Farbe, Timecode, Kompaktreiseführer mit Panoramakarte im Taschenformat. ●●●●●*

Reiseziel Berlin
Kultur, Shopping, Erlebnis
(6067-X) VHS, ca. 60 Min., in Farbe, Timecode, Kompaktreiseführer mit Panoramakarte im Taschenformat. ●●●●●*

Körpersprache
verstehen und deuten
(6046-7) VHS, 60 Min., in Farbe, mit Begleitheft. ●●●●*

Das erfolgreiche Vorstellungsgespräch
(6047-5) VHS, 60 Min., in Farbe, mit Begleitheft. ●●●●●*

Bestellschein

Erfüllungsort und Gerichtsstand für Vollkaufleute ist der jeweilige Sitz der Lieferfirma. Für alle übrigen Kunden gilt dieser Gerichtsstand für das Mahnverfahren. Falls durch besondere Umstände Preisänderungen notwendig werden, erfolgt Auftragserledigung zu dem bei der Lieferung gültigen Preis.

Ich bestelle hiermit aus dem Falken-Verlag GmbH, Postfach 11 20, D-6272 Niedernhausen/Ts., durch die Buchhandlung:

_____ Ex. _____

_____ Ex. _____

_____ Ex. _____

_____ Ex. _____

Name: _____ Datum: _____

Straße: _____

Ort: _____ Unterschrift: _____

Die hier vorgestellten Bücher, Videokassetten und Software sind in folgende Preisgruppen unterteilt:
- ● Preisgruppe bis DM 10,–/S 79,–/SFr 10,–
- ●● Preisgruppe über DM 10,– bis DM 20,– S 80,– bis S 160,– SFr 10,– bis SFr 20,–
- ●●● Preisgruppe über DM 20,– bis DM 30,– S 161,– bis S 240,– SFr 20,– bis SFr 29,–
- ●●●● Preisgruppe über DM 30,– bis DM 50,– S 241,– bis S 400,– SFr 29,– bis SFr 48,–
- ●●●●● Preisgruppe über DM 50,–/S 401,–/SFr 48,– *(unverbindliche Preisempfehlung)

Die Preise entsprechen dem Status beim Druck dieses Verzeichnisses (s. Seite 1) – Änderungen, im besonderen der Preise, vorbehalten –

Falken-Verlag GmbH · Postfach 1120  D-6272 Niedernhausen/Ts. · Tel.: 0 61 27/70 20